JN409396

내 마음의 숲

초판인쇄일 2013년 10월 31일
초판발행일 2013년 11월 5일

· 펴낸이 임수홍
· 지은이 박언휘 외
· 총괄 박언휘
· 자문위원 이용수 · 정정채 · 서병진 · 서성택 · 이흥규 · 차달숙
· 편집고문 김용복 · 유영준 · 이우창 · 양태영 · 이영순 · 임연혁
· 추진위원장 황주철
· 추진부위원장 임정봉 · 윤영석
· 추진위원 방극률 · 김선영 · 조혜순 · 홍대식 · 정다겸 · 박희균 · 이철호
· 편집국장 송선우
· 편집부국장 권희경 · 김태희
· 편집위원 정다운 · 최수연 · 이철호 · 송태하 · 송경태 · 배미영 · 이정종

· 편 집 박미영
· 디자인 최성미

주소 (우)134-813 서울시 강동구 길동 395-3 2층
펴낸곳 도서출판 국보
전화 (02) 476-2757~2758
FAX (02) 476-2759
웹카페 http://cafe.daum.net/lsh19577
E-mail : kbmh22@hanmail.net
webhard / (ID : rnrqh, PW : 2757)

정가 12,000원
ISBN 978-89-93533-61-3 00810
이 도서의 국립중앙도서관 출판시도서목록(CIP)은
서지정보유통지원시스템 홈페이지(http://seoji.nl.go.kr)와
국가자료공동목록시스템(http://www.nl.go.kr/kolisnet)에서
이용하실 수 있습니다. (CIP제어번호 : CIP2013022090)

님께

2013.　　　.　　　.

▲ 자문위원 및 편집고문 기념사진

▲ 추진위원회 기념사진

▲ 편집위원회 기념사진

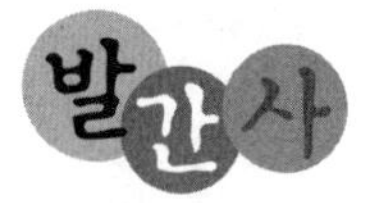

발간사

박 언 휘
동인문집 제16호
총괄본부장

무덥고 지루했던 여름도 지나가고, 귀뚜라미 소리 따라, 가을이 성큼 우리들 곁으로 다가왔습니다.

아침저녁을 제외하고는, 아직도 낮 시간대에는 뜨겁던 지난여름의 기운이 머물고 있습니다. 하지만 때 이른 추석이 물러간 자리에는, 황금들판이 결실의 부푼 가슴을 안고, 멀리서 춤추는 코스모스를 반기며 웃고 있습니다.

존경하는 국보문학 회원여러분!! 그리고 참여 동인여러분!!

그간 안녕하셨습니까?

지금까지 우리 국보문학의 동인지인 〈내 마음의 숲〉은 발간횟수가 늘어남에 따라 책의 내용면에서나 외관 면에서 장족의 발전에 발전을 거듭해왔습니다.

이번 제 16회 동인문집의 횟수가 시사하는 16이라는 숫자는 인생살이에 비유할 때 이팔청춘에 해당하는 의미를 담고 있다고 볼 수 있을 것입니다. 앞으로도 면면히 이어나갈 우리들의 동인지 〈내 마음의 숲〉을 만들면서 청춘무성(靑春茂盛)이란 노래 제목이 생각났습니다.

이와 같이 발간 횟수가 의미하는 숫자에 걸 맞는 동인문집을 만들면서 열심히 노력은 했습니다만 여러모로 부족한 점이 많으리라 생각됩니다.

이번에 부족한 점들을 여러분들께서 지적해주셔서 앞으로

발간 횟수가 더해질수록 명실상부한 동인문집으로 태어나 청춘무성이란 말이 실감날 수 있도록 다함께 노력했으면 하는 바램입니다.

존경하는 국보문학 가족여러분!! 참여 동인 여러분!!

어려운 경제여건 속에서, 공사다망하신데도 불구하시고 멋진 옥고들을 보내주셨을 뿐 아니라 격려와 응원마저 함께 보내주셔서 감사드립니다. 그리고 창간호부터 이번 제16집이 발간되기까지에는, 한국문학발전과 21세기 패러다임에 걸맞는 새로운 문화 창달을 주도하고 계시며, 휴일과 공휴일마저도 반납한 채로 노고가 많으신 주간 한국문학신문과 월간 국보문학의 발행인이신 존경하옵는 임 수홍 회장님의 아낌없으신 배려와 끊임없는 관심이 있었기에 가능했습니다. 거듭 감사를 드립니다.

경애하는 회원여러분, 참여 동인여러분!!

영국의 노인 심리학자 브롬디는 인생의 4분의 1은 성장하면서 보내고 나머지 4분의 3은 늙어가면서 보낸다고 했습니다.

"인생은 매일 한 페이지씩 넘기는 지혜와 진실로 가득한 하나의 책"이라는 말이 있습니다.

또 웰빙(wellbeing), 웰에이징(wellaging), 웰다잉(welldying)이라는 말처럼 우리는 사람이 사람답게 살고, 사람답게 늙고, 사람답게 죽기 위한 방법 중의 하나인 "움직여라, 적응하라, 정확해라, 느껴라, 생각하라" 라는 건강한 삶을 위한 5가지 원칙을 지키도록 노력을 하면서 문학을 통한 자연

연령, 건강연령, 정신연령, 영적연령을 높여 나가야 한다고 생각합니다.

끝으로 이번 문집발간에 소중한 조언을 해주신 자문위원님, 편집고문님들, 특히 격려의 말씀을 아낌없이 해주신 유 영준 부회장님과, 멀리 있는 저를 대신해서 힘써주신 서울시 홍 대식 지회장님, 추진위원장님, 편집국장 이하 위원님들의 노고에 진심으로 감사를 드립니다. 여러분에게 차곡차곡 쌓아둔 제 사랑을 드리며 다시 한 번 말씀드리고 싶습니다. "대단히 감사합니다."

축사

황주철
동인문집 제146호
추진위원장

존경하는 국보문학 내 마음의 숲 동인 여러분 반갑습니다.

햇살은 빛날 때 뜨겁고, 노을이 지는 햇살은 더 찬란한 멋을 뿌리며 다음날을 기약하면서 넘어 갑니다.

봄에는 파릇한 내음이 솔솔 풍기는 부드러운 이파리가 있다면, 가을에는 뭉클하면서 넉넉한 가을 들녘이 자리하고 있습니다.

월간 한국국보문학에서 발행하는 내 마음의 숲 동인지 제16호 발행된 것을 진심으로 축하합니다.

누가 언어의 장르를 만들었는지, 역사는 깊고 가파르게 올라갈 수뿐이 없는 하나의 숫자놀음으로 문명은 인간을 괴롭혀 왔습니다. 이것은 참으로 행복한 언어의 에너지입니다.

누가 이렇게 고픔의 아라비아를 만들고 창의할 수 있도록 만들었는지 역사 속으로 들어가 보면 다양한 파일레트가 우리를 자극하는 노란 자를 볼 수 있습니다.

한글은 우리나라의 세종대왕이 창제하였는데, 고대의 유적을 보면 언어만큼 발달한 국가도 없습니다.

10년 전 어느 잡지의 집필에 대한 언급을 살짝 기억을 더듬어 보면 국가는 있어도 언어가 없고 미숙한 나라가 아직도 있습니다.

세계 속에서 세계 유산에 등재한 한글은 우리에게 자랑을 안겨 주고 있습니다.

그리고 세계 유네스코보다 세계 인기도서에 오를 수 있는 단어 그 언어는 바로 문학의 감각을 표현하면서 만들어 내는 작업의 현장이 아니겠습니까?

동인지 한 권 만들기 어렵다는 사실을 토하는 요즘에 이야깃거리 현대적인것을 과감하게 뿌리 내리고 있는 생명체 내 마음의 숲 동인지를 위해 노고를 아끼지 않은 월간 국보문학 발행인 임수홍 회장님과 임직원, 100인의 동인 문집에 옥고를 올려주신 회원 여러분께 깊은 감사의 말씀을 드립니다.

매년 두 번 발행하는 내 마음의 숲 동인문집은 한마음 한뜻으로 일체가 아니면 힘들었을 것입니다.

국, 내 외적으로 큰 관심과 호응을 얻을 수 있는 것은 여러분들이 있었기 때문입니다.

자연의 생명체를 본다면, 문학은 정서의 치유입니다.

우리는 문학의 소통, 공간, 비유의 장소, 은유의 방식으로 감상하고 마음을 자극하면서, 순화 운동을 하는 문학의 중심입니다. 현대에 힘든 삶을 사는 우리에게 문학은 큰 의미로 다가옵니다.

미흡한 저에게 동인문집 제16호 추진위원장이란 중책을 주셨어, 걱정을 많이 하였습니다.

우리는 하나가 되어 박언휘 총괄본부장님, 자문위원님, 편집고문님, 송선우 편집국장님 그리고 추진위원님, 편집위원님의 수고에 감사를 드립니다.

작품의 장르를 보내주신 동인님께 제삼 감사를 드립니다.

이번에 시간의 부족으로 옥고를 보내지 못한 회원님과 보이지 않는 곳에서 응원을 보내 주신 회원님께 감사를 드립니다.
의미 있는 이번 동인회 문집은 두 살 모자라는 10년째 한 번도 중단된 일 없이 매년 봄, 가을 두 번 발행하는 동인지는 지역사회를 넘어 문학의 저변 확대와 문학에 대한 국민의 이해와 관심이 확산하여 국보문학협회의 중추적 역할이 큰 기대가 됩니다.

아울러 국·내외에서 내 마음의 숲 동인 문집 가을호에 좋은 결실을 보게 응원과 용기를 주신 여러분께 감사를 드립니다.

끝으로 세계 유명한 철학자 비트게인 슈타인은 이런 말을 남겼습니다.

"어떤 돌이 전혀 움직이지 않고 도저히 손을 쓸 방도가 없다면 먼저 주변의 돌부터 움직이라"는 유명한 말을 남겼습니다.

국보문학 내 마음의 숲 동인 문집은 문학인의 큰마음이고 손입니다. 감사 합니다.

2013년 10월 가을에

| 차 례 | Contents

발간사 박언휘 총괄본부장

축 사 황주철 추진위원장

시 하나

시

· 이일현 | 여름새 외 ……………… 19

· 배미영 | 가을걷이 외 ……………… 29

· 김용복 | 북 외 ……………… 32

· 권희경 | 화백의 고뇌 외 ……………… 36

· 방극률 | 매미 소리 외 ……………… 44

· 김연식 | 뻐꾸기 둥지를 틀다 외 ……………… 54

· 김동주 | 德 川 江 외 ……………… 60

· 김민희 | 정리정돈 외 ……………… 66

· 이철호 | 가슴 뛰는 사랑 외 ……………… 69

Contents | 차례 |

시조 하나
시조

· 임정봉 | 가을 풍경 외 ………………77
· 신권호 | 산수유 꽃 외 ………………87
· 임연혁 | 유월 뻐꾸기 외 ………………91
· 정진상 | 대관령 풍력발전 외 ………………95
· 김태희 | 들국화 핀 길에서 외 ………………98

시 둘
시

· 홍대식 | 가을 소식 외 ………………102
· 이우창 | 여름을 기억하며 외 ………………106
· 황주철 | 가을은 말없이오네 외 ………………109
· 김순옥 | 해바라기 외 ………………112
· 김맹진 | 가을 아침에 서성이며 외 ………………115
· 정석봉 | 민들레 외 ………………119
· 천병기 | 마음의 달빛 외 ………………122
· 이미숙 | 스산한 겨울 외 ………………126
· 조환국 | 빗자루 외 ………………129
· 곽병덕 | 선차 외 ………………133

수필 하나
수필

· 서병진 | 그때 그시절 ……………… 138
· 이정종 | 전주 한지 박물관에 가다 ……………… 144
· 송선우 | 유행가와 동요, 그리고 선생님 ……………… 152
· 정다운 | 따뜻한 격려의 말 한마디 ……………… 158
· 박승대 | 행복한 하루 ……………… 162
· 정경채 | 나의 문학관 ……………… 167

시 셋
시

· 이홍규 | 서리꽃 외 ……………… 171
· 송형기 | 계곡 외 ……………… 176
· 최수연 | 초 가을 외 ……………… 183
· 송태한 | 허수아비 외 ……………… 186
· 정성채 | 함덕에서 외 ……………… 189
· 김중무 | 운문사 외 ……………… 192
· 정석현 | 낙엽 외 ……………… 196
· 정병욱 | 백일 날 뒤집기 외 ……………… 200
· 강도현 | 봄 날이었다 외 ……………… 205
· 이천도 | 시 외 ……………… 210

시 넷

넷

· 김선영 | 첫 시집 표지 외 214

· 정다운 | 몰래 감춘 마음 외 218

· 박진광 | 소년 외 224

· 김성훈 | 발로 본 바다 외 230

· 장호걸 | 가을비 외 236

· 이영순 | 모르겠습니다 외 239

· 정다겸 | 함께하고 싶은 사람 외 248

· 박승대 | 공수래 공수거 외 252

· 이성미 | 그대달을 보다 외 256

· 이길옥 | 사랑의 변천 외 260

시조 둘

시조

· 송경태 | 강동 샘 외 266

· 송귀영 | 해돋이 외 278

· 박규해 | 고향별곡(1) 외 281

· 장명철 | 손자 사랑 외 284

· 서갑준 | 가을 외 287

· 채현병 | 어리연꽃 외 290

· 정태은 | 한가위 보름달 외 293

· 윤영석 | 반가운 소식 외(시) 296

시 다섯

시

· 어광선 | 달빛어린 호수가에서 외 ……………… 300

· 서성택 | 야속한 세월 외 ……………… 306

· 조육현 | 가을 앞에서 외 ……………… 309

· 최양숙 | 작달비로 내려 외 ……………… 312

· 홍종철 | 재봉틀 소리 외 ……………… 315

· 허임용 | 송계계곡-월악산 외 ……………… 319

· 박형근 | 서해안 바닷가 외 ……………… 322

· 이한구 | 단 한 사람이기에 외 ……………… 326

수필 둘

수필

· 심옥배 | 9월 꽃무릇을 보다 ……………… 330

· 박언휘 | 당신은 지금 무슨 생각을 하십니까? ……………… 333

· 유영준 | 곰의 품에 깊숙이 안기다 ……………… 337

· 강만구 | 조밧ᄂᆞᆯ리기 ……………… 348

· 심은석 | 책을 선물하는 사회, 동네 책방을 살려야 외 ……………… 352

· 송경태 | 손자와 세발 자전거 ……………… 361

시 여섯

시

· 조혜순 | 또 다른 세상 외 366
· 김현안 | 사랑의 씨앗 외 370
· 차달숙 | 공중전화 외 376
· 정태호 | 어머니 외 381
· 한창현 | 흰 캠퍼스 외 386
· 이정규 | 짙은 정 외 390
· 이용수 | 결혼 50주년을 바라보며 외 394
· 신계전 | 두타연 외 397
· 전형의 | 자동판매기와 나 외 400
· 박희균 | 무제 외 403
· 노유정 | 바람이어라 외 406
· 나상국 | 발기하는 아침 외 409
· 손수여 | 널 좋아하는 이유 외 414
· 김찬식 | 계절의 레퀴엠 외 423
· 양태영 | 가는 곳 겉는 길 외 427
· 최민석 | 그대와 함께 외 433

수필 셋

수필

· 임명규 | 꿈 442
· 정태호 | 지천명 후의 십년을 보내며 외 447
· 정진해 | 무섬마을 가을비 쑥부쟁이 455
· 임수홍 | 꽃다발 속에 담겨있는 삶 460

· 이일현 | 여름새 외

· 배미영 | 가을걷이 외

· 김용복 | 북 외

· 권희경 | 화백의 고뇌 외

· 방극률 | 매미 소리 외

· 김연식 | 뻐꾸기 둥지를 틀다 외

· 김동주 | 德川江 외

· 김민희 | 정리정돈 외

· 이철호 | 가슴 뛰는 사랑 외

여름새

이일현

봄에 왔던 여름새가
가을을 기다린다
떠나왔던 남쪽으로
때가 되면 돌아가는 새
봄을 나기 위해
찾았던 땅이 아니라
겨울을 피하기 위해
참았던 땅이기에
여름새는 언제든 떠날 수 있다.

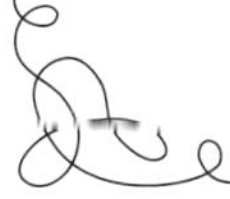

천국으로 가는 길

언젠가 내가 죽어
천국과 지옥으로 갈라지는
심판을 받게 될 법정에 서면
나는 우선
있는 것 없는 것 모두 꺼내 들고
하느님께 매달릴 테다
평생 얼마 하지도 않은 기도와
그보다 더 적은 선행들을 탁, 탁, 털고
거기에 살짝 더 보태
자랑스럽게 내보일 테다
이 정도에 천국문이 안 열리면
전관예우를 받을 만한
천사들 여럿을 변호사로 선임하여
하느님께 다시 한 번 심판을 받을 것이다
아무래도 지옥을 피해야 한다
죽음과 함께 시작하는 것이

천국이든 지옥이든 둘 중 하나라면
그 시작은 내가 택하고 싶다
오래전, 이 세상에 태아날 때
나는 내 맘대로 세상을 택하지 못했으니
죽고 나서만큼은 내 맘대로 해야겠다.

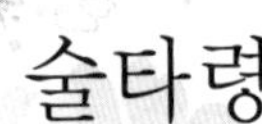

술타령

인고를 품고 사는 헛헛한 드난살이
어설피 살아온 날들 누가 볼까 부끄러워
한 잔 술 털어 넣으니 애오라지 살판 난다

눈물로 빚은 술이 치런치런 넘쳐나니
겨워 했던 지난날은 여울처럼 몰아친다
피할까 물러섰지만 빠져버린 눈물바다

한저녁 먹고 나서 건하게 벌인 술판
취한 건 내가 아니라 떠돌던 바람이겠지
그 바람 등에 업고서 달치는 속 재웠다

어젯밤 들이켰던 감로수가 그대로니
한 모금에 배부르다 땟거리도 걱정 없다
사람아, 별별 걱정들 게트림에 날려라.

옛사랑

풍경치듯 오고 가며 생가슴 달궈 놓고
어쩌다 안아보면 불난리가 따로 없다
한물진 사랑 아닌데 어이 이리 뜨거울까

그 이름 삼킨 목에 그 눈빛 덜컥 걸려
속절없이 토해버린 가시가 된 옛 생각들
이녁은 몰랐다 하오 저리저린 이 속을

내 삶의 잔가지에 드레드레 달린 사랑
애써서 떨어내도 지문처럼 박혀 있다
끝없는 두꺼비씨름 이젠 내가 졌다오

꽃불에 살라버린 옛 사랑 옛 이야기
잿불에 되살아나 마른 속을 다 태운다
아무리 질러 보아도 제가 되지 않는 꿈.

파계(破戒)

욕정이 닥달한다 조금만 돌아가자고
큰 탈이야 나겠냐며 엔간찮게 꾀어낸다
외줄 탄 흔들리는 광대 갈마드는 허와 실

하루씩만 살아가며 지켜야 할 계율이라
살아서 아침저녁 생각정도 해 보는 일
이 약속 깨뜨리고서 살꽃이나 품겠다

턱없는 소리라도 자주하면 참말 된다
처음이 어려운 건 들 낄까봐 그런 거지
세상도 내가 만들고 세월도 내가 보낸다

오늘은 산이 아닌 바다를 올라타고
내일은 바다 아닌 산에서 헤엄친다
이따금 거꾸로 살면 쓴 맛도 단맛 된다

부풀대로 부푼 꿈이 내일쯤엔 터지겠다
사람이 한 번 살지 두 번 살면 사람인가
팔자는 애초에 없었다 하늘 눈치 보지 마라.

개밥바라기

해 질 물 개밥바라기
작은 그릇 처연히 내놓았다
무엇을 담을까
밤새운 걱정을
단방치기 샛별로 가져간다.

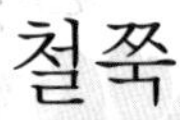

철쭉

알 땀 같은 비가 온 땅에 스며들면
멀리 산자락에서 달치던 철쭉들이
산허리를 감싸 안고 산머리에 올라탄다

수줍게 붙었던 분홍의 불길은
활활 타오르며 꽃 잔치를 벌여대고
그 불길에 놀라 주눅 든 풀들은
숨죽인 채 구경만 하고 있다
이 화려한 그림을 비로는 못 지운다
오히려 기름 되어 더욱 질러 놓으리라

나는 이 불구덩이 속에서 살고 싶다
삼백육십오 일을 갇혀 지내고 싶다
이 불길은 데이지 않는 뜨거움이고
뜨거워도 놀랍지 않은 반가움이 아닌가

태워라 온 땅을 다 태워 버려라
번져라 온 땅에 다 번져 버려라.

삼켜진 등대

해미*에 가려진 등대
제 할 일을 못 찾는다

세상을 향해 내놓던 빛은
힘없이 가려지고
그 빛에 의존하여
멀리 수평선으로 떠났던 새는
돌아올 길임 막혀 버렸다

이 짙은 장막은
바다에 속한 모든 것들을
조용히 삼킨다

이 어둠에서 벗어나려면
어서 태양을 맞아들여야 한다.

*해미: 바다 위에 낀 아주 짙은 안개

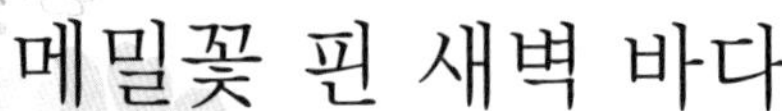

메밀꽃 핀 새벽 바다

바다에 밭을 일궈 메밀꽃* 씨 뿌리니
갈매기 날갯짓에 제철 없이 일어난다
든 바다 난바다 돌며
물 띠 따라 피는 꽃

산새벽 달려오는 햇귀의 산드러짐
어부들의 후리질은 열락의 꽃 풀어놓고
지샌달 만선을 빌며
해 뜰 참에 눕는다.

*메밀꽃: 파도가 일었을 때 하얗게 부서지는 포말

이일현

인천출생
월간 국보문학 시 부문 신인상
독학사 (국어국문학과)
명지대 사회교육원 문예창작과정
서강대 사회학과 졸업
(사)대한민국국보문학협회 정회원

가을걷이

배미영

秋收 또는
西收라고도 하는
가을걷이

일년 농사의 순서로 荀子의
春耕夏耘 秋收冬藏이라는
글에 잘 나타나 있는
가을걷이

농부의 이마에
흘린 땀을 수확의 풍요로운
기쁨으로 갚아주는
가을걷이

황금들판의 넉넉한 미소와
희망나무의 열매를 같이
나누고자하는
가을걷이

사랑초

그건 사랑초 꽃입니다
사랑하고 싶어 하는 꽃이
있다면 만일에

사랑 그 얼마나 값지고
소중한 일인가요

이 세상에 한 번 태어나서
한 번 가고 마는 인생에

"당신을 버리지 않을 게요"
사랑만을 위하여 살다 간
꽃의 존재는 영원한 사랑

메순긴마다 밝은 빛으로
비추는 것은 사랑의 빛

행복

가벼워지는 마음이지요
분홍색의 러브 레터가
천사의 발걸음처럼

우편함에서 꺼내온
편지를 두 손으로 펴볼 때
환하게 미소를 지어요

은혜와 생수의 강이
흐르는 푸른 초장에 앉아
햇살 가득한 사랑을 품어요

행복한 마음을 품은
천사가 양쪽의 날개를 펴고
날아요 하늘을 자유로이

배미영

한국 방송통신대학교 국어국문학 졸업
가천대학교 대학원 (석사) 국어국문학 졸업
가천대학교 대학원 (박사) 국어국문학 박사 2차 과정 수료
'문장 21' 종합문예지 등단 시인 신인상 수상
성남제일교회 유년부 교사 10년 근속상 수상
국보문학 '시 · 수필 부문 신인상' 수상
"제 16호 동인문집" '편집위원' 역임
신앙시집『새벽 예배 100일과 주님』출간

북

김용복

오늘 학교 놀이터에서
북을 만나기로 했는데
아침부터 비가 온다.

비가 오면 못 온다했는데
정말 오지 않을까 걱정이 된다.

비를 구경하는 마음에
비가 내린다.

추녀에서 떨어지는
빗물이 마침표를 찍는 순간

저 멀리 우산 아래
북의 신발 코가 보였다.

타향의 달

8월 열나흘 추석 전야
항아리 속 어둠이
기울러지는 자정
불면으로 뒤척이는 밤
달빛이 창가를 비질한다.

허공에 매달린
거미줄 과녁에 달을 잡아놓고
거미손으로 낚시질하는
늙은 거미의
푸른 눈에 슬픔이 고인다.

저 멀리 흘러간
추억을 끌어당겨 보는
고향의 초가에는
월광의 현을 골라
길쌈하는 박꽃이 아름답다.

잡초의 미소

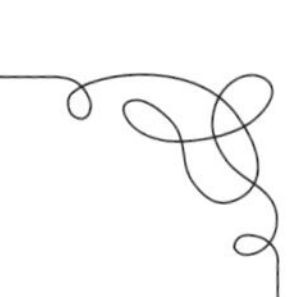

사람이 키우지 않아도 잘 자라는 풀을 잡초라 했다.
어머니는 콩밭에서 잡초를 뽑아 동댕이쳤다.
그때마다 머리채를 잡힌 잡초는 뽑히지 않으려 땅을 놓아주지 않았다.
어머니의 손에 힘이 들어갔고 날카로운 호미 끝은 땅속 깊숙이 파고들어
뿌리 끝을 잘라 냈다.

머리채를 잡은 손에 억세게 힘을 주고 땅속 깊이 박힌 호미 끝을
앞으로 당기면 잡초는 할 수 없이 땅을 놓았다.
그때 잡초는 기회는 이때다 생각하며 호미등 뒤 벌어진 흙더미 사이에
종자를 몇 알갱이 집어넣었다.

구청 건물 그늘 아래 공공근로 노인들이 줄을 지어 앉아 있다.
잔디 사이에 잡초를 뽑아야 노년을 살아 갈 하루 일당을 받는다고 했다.

결국 잡초가 노후를 살게 하는 효자가 아닌가?
잡초의 얼굴을 볼 수 있다면 미소를 지을 게다.

김용복

아호 : 무봉(霧峰), 시인. 소설가
월간 국보문학 작가회장 역임
(사)대한민국국보문학협회 수석부회장
한국문학신문 편집위원. 한국문인협회회원
중등교장정년. 서각초대작가
수원시테니스연합회자문위원
녹조근정훈장포장
월간 한비문학 신인문학상 시부문 수상
한국문학신문 소설부문 대상 수상

권희경

점과 선이 빈 공간을 구르며
선대칭으로 마음을 담으니
구도속에 혼이 비춰진다

한 색명이 잉태 되어
싹을 틔우기 위해 애끓는
묵어 익혀진 고뇌를 쏟아 내고

삶과 죽음의 썩은 내음이 진동 하는
고통을 호소 하듯이 화폭 속에 스미니
촛불 처럼 가녀린 가교에 걸치운 운명

달구어낸 숨결 고루 쉬며
부퉁켜 안고 살아낸
쓰디쓴 소각의 열륜

헤집어 놓은 시간만이
어두운 환상속에 푸덕 거리고
아쉬운 미련의 세월만 타고 넘네

새벽

딸의 이별가

과일의 과당 만큼 달달한
젊음의 청춘 세월속에
사랑으로 다 내어 주시곤
허리 굽은 이별을 준비 하셨지요

곡기 끊고 탈진으로
사랑덩이 애닯다 하건만
사무치게 그리운 가슴 앓이
눈물 바람으로 배웅 하던 날

북두 칠성 그려진
칠성판 덮으시니
검은 용의 도포 자락 입으시고
자미원(紫微垣)의 별이 되셨나요

그해의 만월이 지고
기우는 동지 섯달
가는길 서러웁게 이별하며
부둥켜 안은 세월을 보냈지요

술

청색의 술병이 어지럽게
달빛에 내리니
뿌연 연기 타고
침 튀는 언쟁 속의 정담들
다닥 거리던 술잔

 화려하게 너울 대며
한치 손뼘 아래 부서지니
손사레로 대신 하며
창자속의 오물 토하듯이
막장의 드라마를 찍는다

노오란 달빛
피곤한 듯이 비스듬이 누워
알콜기를 빌어낸 마술사가
자존심에 잠긴
어둠을 물어 내며

오늘도 침 튀는 언쟁 속에
비워져 가는 허한 쓸쓸함
화려한 마음의 핀은
알콜의 마술사가 되어
이리 저리 날고 있구나.

새벽

후둑 후둑
떨어 내는 빗방울이
희끗희끗 새워버린 밤
보랏잎에 물들고

밀려올 햇살
비늘 줄기 마냥
한켜 한켜 쌓아 올린
담쟁이 푸르르니

말라 버린 소음
허허로운 빈 공간
옷깃에 품어 내고
따스함에 쫓기던 달빛

가로등불 허옇게
절로 늙어 가니
손톱 만큼 길어진 날
서쪽의 초승달은 기울고 있구나

두타연의 폭포는 흐르고

뚫려 버린 하늘은
철 잃은 장맛비로
두타연 폭포를 메우고
민족의 한으로 바위에 남아

낮게 내리는 안개, 물보라 이루니
갓 피어난 이름 모를 꽃으로 대신 하고
빼근 해진 목줄기 마른침을 삼키며
먹먹해진 하늘을 본다

늙어진 거목, 이슬 되고
머리를 적시니
태초의 눈물 일랑
상흔의 흔적 속에 지고

이름 모를 꽃
거름 되어 붉게 피어나니
떠도는 젊은 영혼의 넋이여
아름다운 두타연 폭포, 흐르는 물에 잠시 쉬어 가게나.

제4 땅굴의 평화가.......

따가운 기온이 목덜미를 싸고 돌때
축축히 젔어 들어 귀를 멍하게
굴 천정에서 모아지는
차거운 물방울이 화강암을 타고 돈다

마음 만큼 서늘한 땅속의 그늘이
분단되어 나누어진 조국의 땅이
서럽게 울며 지던 그날의 안타까움
아직도 잊혀지지 않아
폐속, 깊으거늘

화평 하게 나른한 오후
잊혀진 시간이 정적을 깨고
배부른 날의 여행길에
분단된 조국의 안타까움이
빈 가슴, 절게 하고

두더지가 뚫어 놓은 땅굴속
새 한마리 철없이 날고
찬 공기 가르며 달리는 레일 옆
아픔의 조각들이 퍼즐 되어 거억속에 남겨지네.

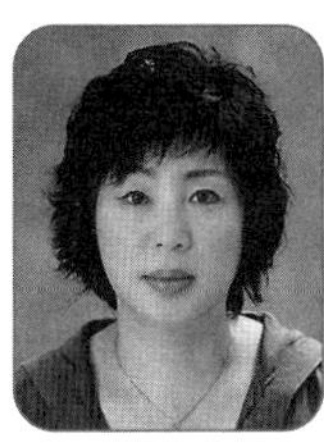

권희경

서울 거주
월간 국보문학 시 부문 신인상 수상(2012)
한국문학신문 제11회 기성문인 시 부문 최우수상 수상(2012)
월간 국보문학 운영위원
제14호 동인문집 「내 마음의 숲」 추진위원회 부위원장(2012)
제15호 동인문집 「내 마음의 숲」 편집위원
월간 국보문학 2012년 11월호 이달의 시인선정
주부 백일장 최우수상 다수
(사)대한민국국보문학협회 정회원

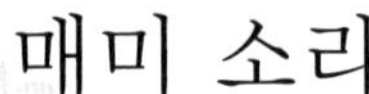

매미 소리

성전 방극률

뒤뜰 늙은 도토리 나무
무대에서
소프라노 목소리
알토 목소리 그리운지라
통째로 토해 내는
짧은 한여름 사랑 찾는 노래
강약,중강약
온 몸의 핏대로
온 마음 발음기 작동으로
사자후 토한 첫사랑 부른 애원이구려.

빈 종이컵

커피 자판기 앞에 누가
달착지근 한 커피 한 잔
빼 마시고 버려두었다
전철을 기다리며
하릴없이 관찰하는 바
눈도 없지요 코도 없지요
발도 없지요 손도 없지요
머리통도 없는 몸통이 누워서
저 홀로 바닥에 원을 그리고 있었다

이 삼 초 간 침묵을 하고
좌로 갸우뚱,우로 갸우뚱
원통 크기만큼 원을 그리는데
나 혼자 중얼거렸다

〈생각은 있는 놈이구나〉

바닥에 오차 허용없이
원을 그리며 돌고 있었다.

돌 조각상

공원에서 본, 돌 조각상은
조각 작가 손길로 쓰다듬어 줬음에
아파하며 피도 흘러 내리며
고통과 신음도
제법 참아내야만 저렇게 소리 없이
웃음으로 설 수 있나를 생각했다
옷을 입었다 해도 그만
입었던 옷, 벗었다고 해도 그만
때려도 실은 아프지 않겠지만
때렸다 해도 헤프지 않을 웃음으로
꽃처럼 피어 설 수 있나를 생각했다
망치로 일격만 가했을라고
정으로 쪼아대기를 천 번만 했을라고
어느 조각 작가가 우뚝 설 수 있게
절차탁마 미명하에 미모가 되니
돌 조각상에 대고
누군가가 생명력 마저 없을거라 말하면
그는 무식한 행인이라
숨결도 돌고 느낌도 사랑도 돌 것이라 인정하니
웃음 짓고 당당하게 무리 없이 서 있게나.

폭염주의보

불과 석삼 년 전
기상특보에
따라붙던 말,
『폭염주의보』발령은
신생 태생자이니
구월 태생인 나는
신열(身熱)이 난 일이니
특별히 주의!

봄볕이 살짝 따라왔다면
따스한 봄날을
혼쭐나게 태웠을 테고
가을 단풍 물든 자리
잔상처럼 따라붙는 폭염
혹처럼 기생하는 특급 여드름이면
고운 단풍잎들
호호호 웃어대겠지
특별히 주의, 폭염주의보!

점심 밥 두 그릇을 먹다

마음 깊숙한 어느 곳이든
점 하나만 찍듯 적은 양을 먹어라 했다는
야사로 말함인지 정사로 말함인지
점심(點心) 풀이라면
부적합 한 어불성설이요

살아보지 않은 전 전 몇 세기 시대는
머리 쓸 일이 별로 없어
한 두 끼니만 먹었다는
학설로 말함인지 전설로 말함인지
반신반의 할 일이요

아침 밥을 굶어
핑곗거리가 식탐가가 되어
점심 밥 두 그릇으로 배를 채웠소
마음엔 뭣도 채우지 말라시던
선인들 말씀에 따르고자
뱃속에 욕심을 부렸더니만
지금 막, 비워 내야 할 판이요.

어머니, 쌀을 일고 계시네

어머니,
쌀을 씻으시며 쌀을 일고 계시네
촉수 낮은 백열전등 아래서
굽어지신 몸으로 서서
이남박에
쌀을 가지시고 여러번을
되작되작 손놀림이 빠르시네

모래알은 씹히는 자식에게만
유난히 씹히는구나 하시던
유년기엔 저 동작이 요술로 보였으나
오늘 저녁엔 예술로 보여지네
저것이 사랑인가
어머니만 하시던 일이었던가
행여 모래알을 씹는다 해도
살살살 가려서 빼 내야지
어머니가 모르시게 숨기는 일이 되어야지.

내일로 내일로 희망의 날로

머리를 빗는다
내일 쯤 아내에게
염색 좀 해 달라고 해야겠다
아침에 보니
흰머리들 개꽃 잔치를 하고 있지 뭐야

왜 하필(何必)
내일로 약속을 잡나
당장이라도 해야 할 판에...

오늘은, 어제 뱉은 내일 약속이
오늘 하루 기다리므로
어제의 약속대로
오늘을 사는 이유지

한결같은 오늘로 살아있음은
어제 뱉은 내일이 오늘로 살아가니
끊임없는 약속을 갖고
내일로 내일로
늘 내일이란 희망의 날로 살도록 해야지.

선풍기 앞에서

생명이라며 한바퀴를 돌더니
삶이라며 백바퀴를 돌고
영혼이라며 천바퀴를 돌고
멈춤없는 묵상
0의 행진

몸부림 쳐
칭얼칭얼 울며 불며
축대 하나에 의지가지
한 시간을
0의 행진

고통은 커녕
땀도 흐르지 않는가 벼
상방향으로 아니가고
하방향으로 아니가고
0의 행진에
신나게 웃는 겨
정말로 웃는가 벼.

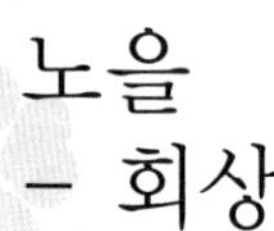

노을
- 회상

노을은 어쩌면
아버지의 아버지
할아버지의 아버지 윗대
처음 할아버지 이래로 보아오신
그림 한 점인지 모른다

노을로 이름 붙인 그림 한 점
흔하디 흔한 그림이라 하면
실례(失禮)의 말씀
해는 져야 손대지 않은
저절로 그려져서
모조품은 아닐테니

고리봉 비탈에 걸린
입암리(立岩里) 외갓댁
앞마당에서 보던 노을!
아버지의 아버지

할아버지의 아버지들
귀로길에 논두렁에 삽을 꽂고
담배 한 대 피시며
노을 앞에 서 계시던
아버지들, 얼굴들!

방극률

전북 남원 출생, 아호: 성전(星田)
문학회 "시와 사람들" 회원
〈문예사조〉 시 등단, 〈수필시대〉 수필 등단
현)한국서정문인협회 이사, 한국문인협회 회원
월간 국보문학 회원, 수필시대와 문예운동 회원
시집: 〈어머니의 일기 고향의 노래〉외 2
공저: 〈예혼〉,〈한국대표 서정시〉
한국문학신문 명예기자, (사)대한민국국보문학협회 이사

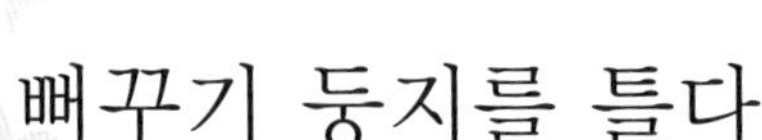

뻐꾸기 둥지를 틀다

佳谷 김연식

밥새가 잠시 둥지를 비운 사이
숫뻐꾸기가 느릅나무우듬지에서
'뻐꾹뻐꾹 뻑뻑 국' 하면
암뻐꾸기가 신호음을 받고
잔솔밭 싸리가지에서 '삣 빗 삐' 하며
철저한 공모로 잽싸게 밥새 둥지에 탁란하고 튄다

밥새는
고개를 몇 번 갸웃거리다 야마리 까진 뻐꾸기 알을 품는다
아직 눈도 뜨지 못한 뻐꾸기 새끼는 어미의 야마리를 닮아
밥새 새끼를 둥지 밖으로 밀어내고
밥새 어미에게 가진 아양을 떨며 구애를 한다
뻐꾸기 새끼가 점점 커감에 위협을 느끼면서도
지극정성으로 뻐꾸기 새끼를 기른다
뻐꾸기 새끼가 둥지를 떠나는 날
가슴 조이던 기억보다 정을 떨치느라 애를 태운다

얌통머리 없는 몰이꾼들은 철새 근성을 배웠는가
수시로 다른 둥지를 탐하기 일쑤이고
빼꾸기 탁란 수법을 배웠는가
왜
시민의 휴식처인 광장에 둥지를 틀었는가
둥지를 틀고 촛불 밝혀 천지개벽할 일을 벌이려는가

갈등(葛藤)

반세기를 훌쩍 넘은 세월
분단의 벼랑에 드렁칡이 중공군 인해처럼 기어오른다
손잡고 어깨동무하고 비틀어 잡은 손은 풀 길 없고
한결같이 오른쪽으로 칭칭 감아 오른다

뿌리혹을 키우며
드렁칡 넝쿨 사이로
등나무 한 줄기가 힘겨운 등반이 시작되었다
등나무 줄기는 드렁칡 넝쿨을 한결같이
왼쪽으로 감아 오른다

화가 난 칡넝쿨은
등줄기를 두드리며 오른쪽 오른쪽으로라고 소리를 쳐도
등나무는 아랑곳하지 않고 제 방식대로 감아 오른다

결국 분열과 반목으로 갈등(葛藤)이 쭈욱 이어져
흐트러진 명주실꾸리보다 풀기 어려운 지경에 이르러

칡은 그 숱한 넓은 잎을 흔들며 억지 우격다짐을 해도
옹고집 등나무는 아랑곳하지 않고 몸통을 불린다

삶의 방식 따라 좌우로 갈리고
포화의 열기가 굳어 남북으로 갈라졌어도
아직 보랏빛 꽃과 꼬투리는 여전히 그대로이니
언제 제자리로 돌리고 돌려서 바른 새끼를 꼴 수 있으려나

닮아라!

남남도 오래 같이 살면 닮는다는 데
아들이 아비를 닮고 싶다 하면
아비는 한사코 아비를 닮지 말라 하고
딸은 어미를 닮고 픈 데 어미는 한사코 어미처럼 살지
말라 한다

나는 '바담풍' 해도 너는 '바담풍'해라
말더듬이를 흉내 내다 말더듬이가 되고
갈지자걸음을 흉내 내다 갈지자걸음을 걷고
팔자걸음을 따라 걷다가 팔자걸음을 걷게 되듯
강요와 강제가 쇠면 버릇이 되는 것을

서까래 후미진 곳 작은 흙집 짓고
남의 새끼 훔쳐다 '나 닮아라 나 닮아라'끊임없는 주문에
그 새끼는 어미 모습을 닮는 그 신기함에
'닮'자를 조각내어 허공에 흩뿌렸더니

『다』들 함께 사는 세상에
『달』덩이 같은 둥근 마음으로

『마』음과 마음을 다스리고 보듬어
『라』일락 향보다 더 짙고 고운향 가득 채우라는
그 큰 뜻 담겨 있음을 알았네라

나 너 닮고 푸다

김연식

한국문인협회, 세계문인협회
서정문학회 회원
세계시낭송협회, 옛정시인회
산성문인협회 운영위원
성남뉴스넷 詩 기획연재
시집『아름골 연가』등

德川江

金東周

늘씬한 미루나무 열병하던 강변에
이제
시멘트 냄새도 너무나 향긋한
둑이 생겼다

햇살의 열기가 피부를 태워도
아프리카 원주민이 되어
모여들던 강가
악동들은 하나.둘, 셋,
여름속으로 뛰어들던 곳

윤석형, 정세형, 점문씨 그리고 누구누구
일제 수탈의 상징인 강가의 돌망태 철사줄을 잘라내서
달구고 깎아 만든 쇠작살 한개

산처럼 높아 뵈던 우리들의 집안 형들
굳게 잡은 양손으로
퍼득대는 쏘가리의 심장을 관통 했다

정리되어 빛이 나는 시멘트 강 둑길
추행당해 뒤엎어진 고요롭던 강바닥
천국으로 여행떠난 눈 맑은 물고기여
어디로 갔나

신기루로 나타나는 강변의 미루나무
그 가운데 어제가 숨조리고
내가 서 있다.

지구(地球)위에서

지구는 둥글어서
항상
마음넓고 포근한 맏며느리다
천지창조의 한 가운데서 생성된
아늑한 어제

지구는 심장이 녹아간다
북극의 거대한 심장과
남극의 냉철한 심장이
녹아 내려 흘리는 눈물이
오대양에 모여들어 일으키는 반란들
그것은 거역할 수 없는 천재지변
우리가 창조해낸 자업자득이다

히늘끝까지 솟아오른 불기둥의 거대한 위력
갈라져서 들어내는 검붉은 속살이 타오르고
치솟는 열기속에서

노랑물고기
파랑물고기가 천만길 거슬러 올라
독도근해에서
해운대앞 바다에서
길을 잃고 헤맨다

포근한 물결따라 하염없이 와서는
길을 읽고 헤매는 열대어의 슬픈 눈들

지구는 말이 없어서
그것을 모르는 어리석은 사람들
가슴이 아프고
숨이 막히고
팔다리가 잘리는 아픔이 있어도
지구는
묵묵히 제 갈길을 가고 있다.

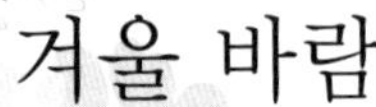

겨울 바람

어둠은
도시를 야금 야금 먹으며
내 품 속으로 젖어들고 있다

마침내
네온은 기를 펴고 발광을 시작했고
도심지는 삶의 전장으로 부터 해방이 되어간다
서로 노려 보던 사람들은 어디로 갔나
내일의 또 다른 전쟁을 위하여 몸을 눕혔는데
겨울은 회색빛건물 곁을 맴 돌고 있다

몸과 마음이 시리고 피곤한
우리네 이웃들은
시방
아파트 구멍 마다 기어 들었다
늑대가 집을 찾듯 그렇게 기어 들었다

한기를 느끼며 옷을 벗은 저 거로수
계절의 순환은 자연의 섭리여서
거역 할 수 없는 만고불변의 진리여서
털어 버리고
벗어버려
어둠이 가려 주는데

뼈속까지 스며드는 한기에
바람이 울고 있나
가로수를 보듬고 울고 있나

어둠은 도시를 적셔 버렸다

김동주

경남 사천 생. 부산거주
전)진주 예맥문학 동인회원
예맥 시화전 참여
경남 학생 백일장 장원 및 그 외 입상다수
종합무역상사 그룹사보 통신원 및 계열사보 편집위원
신문의 날 표어 우수상
월간 국보문학 시 부문 신인상
(사)대한민국 국보문학협회 정회원
현)자영업

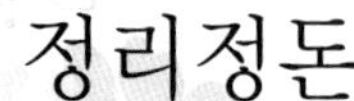

정리정돈

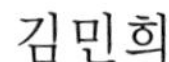

김민희

아무렇게나
침대에 널브러진
옷가지들

먼지가
소복소복 쌓여져
지저분하다.

난 어서어서
창문을 열어
공기를 환기시킨다.

쓱싹쓱싹
아무도 모르게
말끔하게 옷가시들
정리해두었네

울보 개구리

개굴개굴
개구리는 냇가에 앉아
하염없이 운다.

울다가 지레 지쳐서
그만 물 속에 풍덩
빠져버린다.

그러더니 다시
물 속에서 올라와
개굴개굴 운다.

그렇게 개구리는
서러움에 북받쳐서
자꾸 우는가보다.

소풍

따스한 햇살을 받으며
나는 가족들과 같이
소풍을 간다.

한적한 공원에서
푸르른 경치를 바라보며
도시락을 나눠먹는다.

아이들은 신나게 뛰놀고
어른들은 수다를 떤다.

햇살이 따뜻하여
내 맘도 따뜻해지는 것 같아
기분이 좋네

김민희

아호: 一珠(일주)
경남 진해 출생, 창원 거주
부산여자대학 문헌정보과 졸업
월간 국보문학 회원
(사)대한민국국보문학협회 정회원
제43회 한민족통일문예제전 입상(2012년)

가슴 뛰는 사랑

이철호

도무지 알 수 없도록
눈멀게 하던
그 사랑을 바라보긴 했나요

가슴 속까지
기쁨으로 가득 채워
사랑을 품어 보았나요

콩캉콩캉
가슴 뛰는
그런 사랑 해 보았나요

당신의
또 다른 당신
그 사랑을 바라보기나 했나요

6월의 장미

6월 봄비처럼
살포시 아침에 찾아온
비님이 고맙다

우산 안에 여유를 품고
장미 넝쿨 우거진
그대를 상상할 수 있는
그런 길을 걷는다

뚜벅뚜벅뚜벅
또박또박또박

그냥 한걸음씩 한걸음씩만
살포시 다가가려 한다
향기가 달아날 수 있으므로

친구 이야기

아스란히
그립게 사무치는
그림 같은 그런 친구 있나요

눈물 나게
모든 것을 사랑해 줄
연인 같은 그런 친구 있나요

눈빛만으로
심장 고동치는
햇살 같은 그런 친구 있나요

긴 시간 지나도록
삶이 묻어나는
인생 같은 그런 친구 있나요

아름다운 향기와
가시를 함께 지닌
장미 같은 그런 친구가 있나요.

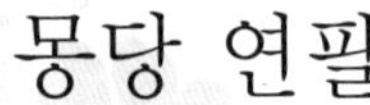

몽당 연필

쉴 새 없이 조잘거리는 입술에
새까만 물이 들 때 까지
공책 빼곡히
삐뚤빼뚤
글을 쓴다

하얀색 긴 볼펜 대롱에
머리를 끼워 넣고도
자그만 몸통을 꼭 잡고
아롱다롱
그림을 그린다.

내일 꿈을 가득 채워서
더욱 또렷하게
진한 색에 힘을 더하여
꼬물꼬물
꿈을 그린다.

달팽이 예찬

조금씩 조금씩
너무 멀어도 괜찮아
더 빠를 이유도 없지
느리면 좀 어때
모든 삶을 다해 가고 있잔아

한걸음씩 한걸음씩
가깝다고 다를 건 없어
더 느릴 이유도 없지
찬찬이면 좀 어때
온 힘을 다해 가고 있잖아

수군수군 소곤소곤
그들도 어찌 할 수 없어
거기엔 꿈도 삶도 있지
입들이 흉 좀 보면 어때
갈 수 있는 곳이 있잖아

너무 늦지는 않게
그곳에 갈 수 있도록
바로 지금 길을 떠난다

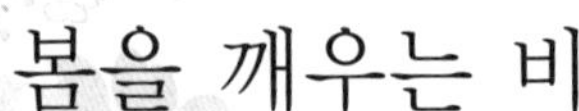

봄을 깨우는 비

동동동
빗방울 소리에서
기쁨의 생명이 배어 나오고
지나온 발걸음도
그 가락에 힘을 얻는다

댕댕댕
깊은 곳 대지 속에서
겨우내 수줍게 벗어 놓았던
깊은 뿌리의 나무들도
아름다운 옷을 만들고 있다

총총총
하늘로 기지개를 올리며
따스함을 맞이하던 봉오리는
이제야 가슴을 열어
어여쁜 색색동이를 내어놓는다

랄랄랄
따스함을 기다리던 이들은
하늘을 바라보며
소박한 아름다움을 피우려고
하늘 보석을 받아들인다.

이철호

필명 주리오(jullio)
인천대학교 정보통신대학원 컴퓨터공학과 공학석사 졸업
인천대학교 일반대학원 컴퓨터공학과 공학박사과정 수료
산업계측제어기술사
(주)하이트롤 상무/연구소장/CTO
월간자동제어계측/월간계장기술 등 기술 논고 기고
(재)자동제어계측교육연구센터 교수

· 임정봉 | 가을 풍경 외

· 신권호 | 산수유 꽃 외

· 임연혁 | 유월 뻐꾸기 외

· 정진상 | 대관령 풍력발전 외

· 김태희 | 들국화 핀 길에서 외

가을 풍경

임정봉

매미가
시렁에다 수의를 걸쳐 논 뒤
여치가 호박꽃에 들어앉아 곡을 하니
초록은 색색으로 물들어
만국기가 펄럭이고

들녘에 허수아비 외발로 사색하며
말없이 바라밀다 바람의 숨 솔리에
세상에 어깨를 내어준다.
풍년의 기쁨을 위해

지각한 호박꽃은 빗장 걸고 꿈나라로
탱자나무 우듬지에 달하나 높이 걸려
때까치 지푸라기 물고
둥지를 수리하고

한가위 보름달이 감나무에 집을 틀고
농부네 가슴속의 행복을 밝혀주면
희망은 샛별의 길을 물어
안드로메다 찾는다.

유년의
일기장에 누이와 손을 잡고
모래성 두꺼비집 하늘만큼 짓고 놀 때
누이의
고운 손톱에
봉숭아 꽃 붉습니다.

춘정

복사꽃
나라들은 그대는 나의 숨결
첫사랑 꿈결같이 그대와 나눈 열정
오늘 밤
그대 발걸음에
이부자리 젖는다.

잔별이
지키는데 어느 누가 찾아줄까
이슬비 털어내고 몸 추린 나비같이
화들짝
달려 나온 봄날
가볍게 떠는 몸살에……

모란꽃 보러 가자

따스한
오월 햇살
문틈으로 들이치면
한 송이 모란꽃이 방긋이 웃어주며
장독대
두레박 가슴에
고운 미소 담아주던

남새밭
고랑으로
흰둥개 꼬리 물고
누이와 뛰어놀던 그리운 동심이라
중년은
넋을 훔친다.
그림자 술래놀이로...

군대 간
오라버니
나비 편지 날아들면
사립문 들어서며 눈물짓던 우리 엄마
누이야~~
고향에 가자
모란꽃 보러 가자.

사초의 향기

빈 배로
북풍한설 홀씨로 떠돌다가
구름택시 새워놓고 모천을 둘러본다.
사립문
일치는 순간
삭풍이 가로막네.

하늘엔 청사초롱 눈꽃이 피었지만
고달픈 가녀린 몸 남루한 차림이라
까치집
인기척 없어
삐꾸기 돌아서며

눈 쌓인 마당가를 둘러본 반백의 길
초라한 그림자로 돌층계 올라서서
사당에
엎드려 통곡에
눈시울이 촉촉하니

함박눈
발목 짚어 반갑게 맞아줄까?
동심의 향기에 젖혀 눈바람 마주하고
빈방에
들어서는 순간
그림자 두엇 걸린다.

제4 땅굴에서

하늘도
노하셨다. 땅속의 굉음소리
아프다 태백산맥 시신경 끊어지니
이 땅에 너와 나의 평화
어느 놈이 두 동강을……

산허리
철조망에 붙들린 조국 산하
광견병 바이러스 어린 생쥐 철부지라
사선에 떠도는 영혼들
지하에서 통곡하고

꽃 대공
목발 짚고 철책에 기대고 서서
무겁게 기도하네, 산나리 백도라지
나의 꿈
희망을 담아
통일 위해 묵념을……

모천에 날다

낯선 땅
개울가에 고마니 뿌리내려
파릇한 살풀이춤 세파에 자라난 풀
꽃신에
반딧불이 내리어
환히 빛을 밝힌다.

달빛이 내려와서 물비늘 엮어낼 때
젖무덤 어머니 샘, 살갑게 만져볼까?
유년의 아련한 그리움에
갯버들이 터지고

일평생 모래밭에 두 발로 숲을 일궈
그림자 빗장 풀고 마음을 열어줄까?
살아온 생을 회상할 때
그림자 두엇 잠기니

다시금
떠나갈 여정 물굽이 사나울 때
모천을 찾아가는 숨 고르는 낯선 낮달
뻐꾸기
저편 서산에
넋하나로 붉게 젖는다.

임정봉

완주 모악산 仙飛, 주)에이엔에스 건축사사무소
한맥문학 시 부문 신인상 수상
월간 국보문학 시조 부문 신인상 수상
시인이 뜨락 방송 출연(서라벌문예원)
건설기술 화보(연재)
바르게 살기운동 안양시협의회 시위원
한국문학신문 문학상 시조 부문 대상 수상(2011년)
(사)대한민국국보문학협회 경기도지회지회장
한민족통일문예대전 우수상 수상

산수유 꽃

신권호

촉촉한
봄비 속에
샛노란 산수유 꽃

물 오른
가지마다
화관을 곱게 쓰고

온 마을
한마당 잔치
청사초롱 밝힌다.

봄여름
긴긴 날에
자양으로 햇살 받아

굵어진
손마디에
지환으로 영근 꿈들

계절 끝
선들바람에
보석으로 빛난다.

삼봉산*

동트는 새벽하늘 봄기운을 가득 안고
새벽잠 아른대는 눈꺼풀을 달래면서
뜀박질 내달리어서 일봉으로 오른다.

적막의 바다 위엔 어부들 노랫소리
오늘도 휘날리는 만선 깃발 빌고 빌며
능선 길 고개 넘으면 이봉으로 다가 서네.

골짜기 여기저기 지저귀는 멧새 따라
소나무 사이 길로 진달래 꽃길 지나
땀 흠뻑 삼봉산 올라 외쳐보는 이 기분

여기는 바다의 땅 내 가슴이 숨 쉬는 곳
세상사 근심걱정 사방팔방 다 푸는 곳
내 혼이 가득 담은 산 삼봉산이 여기 있네.

*삼봉산 : 통영시 용남면에 소재한 산

쌍계사 가는 길

정금 빛 모래밭을 유유히 흘러가는
섬진강 물결 따라 굽이굽이 올라보면
쌍계사 봄빛 향기가 넘실대고 있어라.

산수유 꽃 노란빛이 산자락에 번져나고
다정한 사람들의 콧노래 흥얼대면
산나물 캐는 아낙들 춤사위가 곱구나.

신권호

아호 : 양송
한국시민문학협회 시조부문 신인상 수상
한국 시조문학 작가상 수상
시조문학 문우회 회원
한국시조시인협회 회원
통영 깃발문학회 회원
무궁화 시조문학회 회원
현재 통영시청 문화예술과 근무

유월 뻐꾸기

임연혁

개망초 손 내밀어 유희하는 묵정밭에
바람이 훱쓸고 간
흔적이 또렷해서
가로수
하지 무렵에
손과 발이 저리다.

해산한 푸석한 흙 제 몸을 추스르고
장미꽃 가시 세워 시간을 다독일 쯤
콩타래 배를 불리어 로또 맞는 꿈도 꾼다.

밭고랑 몸을 낮춰
길 떠나는 뻐꾹 아범
공작처럼 펼친 날개
빽빽한 글귀들이
올해도
붉은 눈빛에 놀라
되돌아 온 유월아침

빈 독

날마다 휘몰아치는 속이 시린 바람 밀고
온기로 채울 날은 까마득 멀어지고
으스스 닦아선 몸살 목쉰 기침 숨차다.

깊은 밤 휘감기는 어둠의 공포만큼
아픔은 덕지덕지 살찌우는 시간에는
오늘도 허기진 속을 별빛이 다독인다.

긁히고 패인 날을 혼자서 삭히면서
하늘빛 배를 불려 다시 또 추스를 쯤
어머니 뻥 뚫린 가슴 기다림만 웅이 진다.

삼겹살 구우며

닳아진 불판 위에
쌓인 말 사태 나고
끓는 피 지글지글
톡톡 튀어 올라갈 때
한 무리
도려낸 시간이
웅성 이는 무대다.

헤시리 벌린 입에 지패 몇 잎 밀어 넣고
소리 없이 부푼 가슴
암호도 풀리는 듯
뒤집기
한판승부로
먹구름도 구워낸 밤

뱉어낸 언어들이 술잔에 고여 가고
누굴 향한 분노인가
튀긴 침도 끓고 있다.

가는 이
생살 태우며
무슨 말을 남길 건가

임연혁

한국문인협회 남북문학교류위원 광진지부 부회장
한국시조사랑시인협회 이사 국보문학 상임이사,
한국문학신문 문학상 시조부문 대상
중앙 시조백일장 월말 장원
저서 시조집: 「마음 밭에 등을 걸고」, 「찻물을 끓이면서」

대관령 풍력발전

정진상

구름도 바람 타고 허위허위 넘는 고개
대관령 산등성이에 백조 때 날고 있다
해종일
빙빙 돌며 날갯짓
텃새로 자리 잡아

하늬바람 달려와 양 날개 끌어 앉고
휘잉 휭 소리치며 한바탕 춤을 추니
저 건너
마을 마을에
불꽃이 활짝 웃네

나의 사진

빛바랜 사진 한 장
내 유년 가둬놓고

반백 년 흐른 세월
온몸이 무겁더니

하현달
걸린 하늘에
스산한 바람소리

지난 봄 찍은 사진
가을단풍 한가득

계절이 바뀌었나
색칠을 잘못했나

사진도
세월이 버거워
주름살 늘어났네.

훈장 받은 아름다운 꽃
– 공항 미화원

영롱한 꽃씨 하나 공항이 품어주어
웃음 꽃 피어나고 말속에 향내 나는
하늘이
내려주신 꽃
겨울에도 피어 있다

산업훈장 예쁜 꽃 보석처럼 빛나고
사랑 나눔 귀한 얘기 듣기도 아까워라
이 꽃은
걸어다닌다
쓰레기도 치운다.

정진상
아호 仁堂
전 건국의대 교수, 학장, 병원장
한맥문학 시조부문 신인상 시조문학 작가상
한국문인협회, 한국시조시인협회 회원
여강시가회 부회장
한국시조사랑 운동본부 이사
시조집「청진기에 매달린 붓」외 다수

들국화 핀 길에서

김태희

들국화가 피어난 길 가을을 부릅니다
구절초에 쑥부쟁이 하얀 하늘 파란 하늘
모두가
바람 앞에서
흐드러지게 웃습니다

적어도 이 들길엔 너도나도 꾸밈없이
바람 결에 앞섶 풀어 손 내밈 가득한 곳
가을 차
한 잔 마시며
한 사나흘 묵고 싶다.

미안하다

유월의 나뭇잎에
윤기 나는 생명에

저 작고 관심 없는 선한 눈빛 굽어보며

당신은 중얼거리나요?
"잎들아
미안하다"

나무도 그리움이

나무들 사이에도 그리움의 속이 있다.
더불어 살아가는 생명이 손짓하며
나무에 드리운 천 년 고요하게 속삭인다

시간의 켜를 안고 사랑이 깊어지다
가지가 무성하게 서로를 파고들면
서로가 다르면서도 어깨를 짚어가며

솔바람 불 적마다 모시 속살 만지듯
춤추는 잎 사이로 짓무른 빛깔 쪼며
한여름 폭염 끝에도 네가 나 껴안 듯이

김태희

1947년 충북 충주 출생
1985년 중앙일보 시조백일장 이후 7회 입상
『시하늘』〈시조의 멋과 향〉회원
『문학저널』 신인문학상[시조] 당선
한국문인협회 정책개발위원
문학저널문인회이사, 시분과위원장
월간 문학저널 신인문학상 심사위원(시조)
문학저널문인회작품상
단테문학상, 이해조문학상
시집: 「달래강 여울 소리」외 다수

시 | 들

· 홍대식 | 가을 소식 외
· 이우창 | 여름을 기억하며 외
· 황주철 | 가을은 말없이 오네 외
· 김순옥 | 해바라기 외
· 김맹진 | 가을 아침에 서성이며 외
· 정석봉 | 민들레 외
· 천병기 | 마음의 달빛 외
· 이미숙 | 지나가는 바람 외
· 조환국 | 빗자루 외
· 곽병덕 | 선차(仙茶) 외

가을 소식

慧松 洪 大 植

가슴속 대나무 밭이
쏴~ 한 소리를 낸다
바람으로 인해 흔들리며

을씨년스런 겨울바람이 아닌
님 그리워 산을 넘어 불어 오는
순풍의 하늬바람이다

소 먹이를 주던 아이들이
가을 들녘에서 휘파람을 불며
돌아 오는 논두렁길의 긴 그림자

식전 초가집 지붕위로
치맛자락 펄럭이듯 하늘로 오르는
밥 짓는 연기에 어느덧 가을이 왔나 보다.

산장의 여인

산사에 고즈넉한 달도
밤새 소리에 쫓기듯 구름에 숨어
고요함만 더하누나

장엄한 부처님의 상호에
온화한 미소가 번지면
어느새 합장한 손엔 한줌의 번뇌가 녹아

의연히도 지켜온 여인의 눈물
아련한 기억 저편의 아픔 조차
한줌 재로 불사르는 고통이 없기를 바라

여인의 숙명은 어쩔수 없다 하여도
삭도가 지나간 파르라니 깍은 머리엔
어느덧 자리한 불심의 화두는 남아 있네

인내와 고행의 모진 수련도
까만밤 불태우는 법당의 황촉불처럼
오롯이 자비를 베푸는 촛농으로 남으리.

코스모스 편지

코 끝이 찡한 가을 하늘에
짝을 찾는 고추잠자리
뱅글뱅글 반가운 맴을 돈다

스르륵 스르륵 귀뚜라미
밤새 우는 소리는
잊혀져간 계절에 그리움을 더하고

모란꽃 전설이 서글퍼
다시금 피어날 계절을 대신하며
가을 사랑으로 피어난 코스모스

스펀지처럼 깊게 빨아 들이는
사랑의 목마름을
이제 무더위에 지친 그대를 위해

편지 끝 추신으로
보고 싶다 전하는 숨죽인 고백을
당신에게 보냅니다

지금도 기억하나요?
 코스모스 꽃잎 흩날리던
지난 가을날의 아련한 사랑 언덕을..

홍대식

서울지방검찰청 서부지청 범죄예방위원
마포 신문사 자문위원, 총무
(사)바른선거 시민모임 마포구지회 수석 부회장
월간 국보문학 시부문 신인상 수상
월간 국보문학 운영위원
(사)대한민국국보문학협회 서울특별시 지회장
제10회 한국문학신문 시 부문 최우수상 수상(2012)
제14호 동인문집 '내 마음의 숲' 추진위원장

여름을 기억하며

海島 이우창

매미 없이 여름밤을 보낸다
모기가 멀리 가출을 했나보다
매밤 잠 못자게 몸무게만 키운다
유난히 새벽을 기다리는 여름이다
한 계절이 길게 달력을 본다

물만 기다리며 그리워 한다
꿈이 자리를 비워 뜬눈으로 하루를 시작 하게 한다
그리움을 잊은지 오래이다
하늘의 해가 이렇게 비켜 가기를
산이나 바다에 친척을 두고싶다

밤이 지나 새날의 달력을 뜯어내면
푸르름이 더 진하게 가을을 부르고 있다
매일 그리던 그녀 얼굴이 처음 본 얼굴인양
다가 서서 이름을 가을에 붇고 있다

순수한 사랑

구름 한점도 없는
가을을 닮아 높은 하늘색만 뿌리고 있다
보는 이 마음에 근심을 지운다
맑고 깨끗한 푸른 바다를 그리고 있다

한 점이 흐트러짐이 없는
순수한 사랑 그 이름을 찾는다
만지기 조차 부담이 되어 보기만 한다
멀리 있음이 그리움을 빨리 오게 한다

정결한 옷 매무새에 한치의 오점도 없이
만지지 못하는 순수함에 내가 지치고 있다
하얀 색과 검은 색의 만남이 경계를 이룬다
무슨 이야기 부터 말문을 트게 할찌
시간이 지남에 흐려질가 두려워진다
내 작은 손으로 그 옷깃을 잡고
사랑이라 그림자를 드리고 있다

꽃 구름따라

하늘 공간을 좁게 만들어
뿜어져 나온 꽃들의 얼굴을 뿌려 본다
흰색 가득히 구름 바구니를 불러 들인다

잘 익은 꽃 얼굴부터 첫보이는 꽃 입술까지
한 덩어리 묶어 꽃이라 불리우게 한다
푸르른 방석들 안고 키 재기를 한다

햇빛이 그리워 얼굴을 내어밀다가도
뜨거움에 구름을 찾아 그림자를 만든다
보고품에 향기를 품어 시간을 재고 있다

작은 손길에 만족을 느끼며
머무름에 꽃 이름을 지어준다
한 계절 이름만큼 기억을 오래 잡고 있다

이우장

문예비전 등단, 한국문학인협회, 한국기독문인협회
월간 국보문학 운영위원
시집 : 「하나를 셀 수 있음은」, 「하나를 잃은 의미는」
수필 : 「이름 없이 빛도 없이」
한국문학신문 제2회 문학상(시 부문) 대상 수상(2010)
(사)대한민국국보문학협회 상임부회장

가을은 말없이 오네

지봉 황주철

고맙습니다. 감사 합니다.
인사를 나누고 떠나는 빈자리가
멍청한 공기 속에 보이지 않는
산소처럼 지나간다

뜨거웠다는 공허한 시간을 기대어도 좋다
약속이나 하듯이
마음에 드는 나뭇잎 하나 풀잎 하나
입에 물고 종알거린다

그, 속으로
그, 거리에 서 있는 꿈을 먹고
끊임없이 수수께끼를 풀어본다.

가을하늘 귀뚜라미

스치고 지나가는 귀뚜라미
스치듯 지나가는 그림자
톡톡 튀는 잡소리가 들린다

여인의 소맷자락을 휙 감싸듯
우매 같은 소리를 짝 벌린다

자슥이 오면 그냥 올 것이지
잡동사니 같은 것이
풍랑만 일으키고
몇 사람 들고가며 물러선 불청객

존재가 있는 것은
너만 알고 있는 것이 아닌데
얼륵달룩 몰아세우는
너는 어디서 왔는지
간질 나는 풍랑속도를 하늘에 맡긴다.

독배

하늘과 땅,
하얀 개비의 여자가 눈을 감을 듯
가을 하늘을 몰고 왔는지

내려 뿌리는 하늘빛 구름 속에
남산의 천고를 울리며
백두대간 왕조를 따라

천명을 뿌리고 지나가는 머문 자리에
독배를 마시면서 걸어간다.

황주철

1958년 경남 통영출생
계간 부산시인 등단
한국문인협회 회원
부산광역시인협회 사무국 간사
월간 국보문학 『내마음의 숲 동인지』추진위원장
부산대학교 현대시 창작 수료
갈렌피겐문예대학 현대시 강사
다음카페: 여시골문학 운영
부산알바트로스 시낭송문학회 회원
한국문학신문문학상 수상
국제한미문학교류 인권상 수상

해바라기

김순옥

콧등에 닿은 가을 하늘이
들판을 노랗게 물들고 있다

붉은 고추잠자리는
집을 짓듯이 고추나무에 앉아
들판에 자리를 펴내

약속을 하였나
가을꽃 비스듬히 누운 수줍은
미소가 그대를 위하는
가을 걸음을 걷고 싶다.

가을 하늘 그림자는
해바라기를 보듯이
얼룩진 가을빛을 바라본다

어머니의 거울

고운 얼굴
삶의 애환으로 공기 좋은
강원도 자락에 젊음을 보내신 어머님
딸에게 마음의 거울로 삼으라 하였지만
타인의 얼굴 볼 겨를이 없었네

산 이슬처럼
떨어져 있는 주름진 얼굴
신기루 같은 꿈속에서
살아가시는 어머님

억세 꽃 떨어지는 세월을 보면서
산 넘어 봄에 우는 뻐꾸기는
말이 없습니다

세월에 주저앉은 풀잎이
오늘따라 거울처럼 빛나고 있습니다.

어머님 남길 것이 없습니다.

고속도로가 따로 없는 길에 서서
당신의 몸 빌려
잠깐 속가 소풍을 왔습니다

건강을 남기시고
육신 하나 재산을 남긴 당신
오늘은 고요히 흐르는
한 시대를 살아계신 당신입니다.

구름 따라 흘러가는
가느다란 외줄
詩 한편 남기며,
삶에 대한 낙서 하나 담았습니다

김순옥

1962년 강원도 출생
월간국보문학 신인상 등단
갈렌피겐문예대학 현대시 창작 수료
여시골문학회 사무국장, 샘시문학동인
월간 국보문학 「내마음의 숲」동인
(사)하수꽃꽃이 강사

가을 아침에 서성이며

김맹진

파랗게 드높은 가을 하늘
이슬을 머금은 풀잎사이로
아침 햇살 내려 앉고
한들거리는 나무잎 사이
새들의 웃음소리
숲속으로 가득 퍼지네

아침을 연다
여유로운 마음으로 들녘 길을
걷고 싶다

우리네 삶을 벗어난 시간 속에서
마음의 풍요를 가득 담아보면서
파란 하늘과 하이얀

뭉게 구름사이로 춤을 추며
날으는 고추잠자리
벌 나비따라 마음도 춤을추네

소슬바람따라
찾아오는 이 가을을 마중하고
싶어진다,

여정(旅情)

백색 희미한 조명 아래로
출렁이는
술잔 안으로 스며드는
나의 모습이
지쳐있는 삶의 그림자가
잔 속으로 숨어 든다
삶의 찐한 한숨 토해 놓고
맑은 잔속으로   나의 혼은
희미해져 간다

천지(天地)의 공간(空間)
한없이 떠 도는데
언제 방랑의 끝 멈추어 지려나.

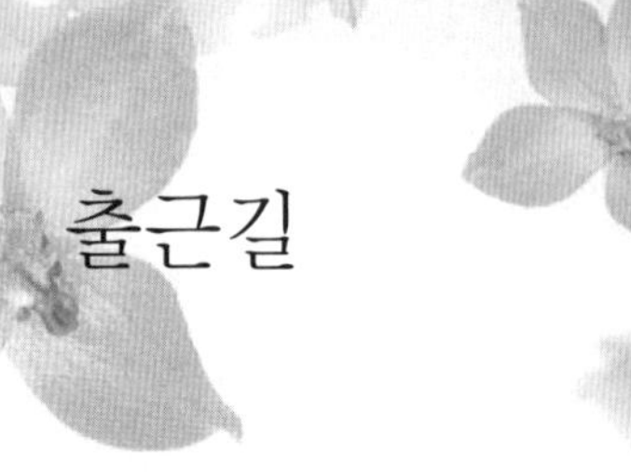

출근길

아침 햇살 앞산 능선으로
내려앉고

조그만 창 안으로 인간의
군상들 영상이 되어

바쁘게 줄달음 오르구나
걸음은 쉬지않고 돌아가는
시간 속으로 파고들며

마음은 분주 하지만

가는 시간 잡아두고 싶네.

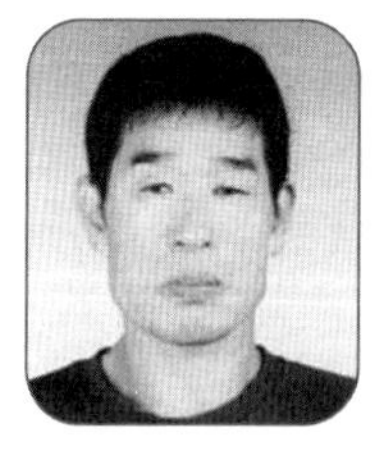

김맹진
한하운 기념사업 문학회원
여시골문학 회원

민들레

정석봉

주저앉은 지 몇 번이였을까
새잎을 틔운 날부터 밀려드는 파도에
얼마나 더 걸어가야 할지 캄캄하다

푸른 입술의 하얀 말씀들, 기어이
수직의 길 위에 피워낸다

저문 바닷가에서,
오롯한 만선을 떠올리고 싶은 그들은
거품을 삭히며

노숙에서 일어서고 있었다 하나 둘,
별빛을 머금고

꿈꾸는 사람들의 마음속 척박한 길을 밝힌다
구름언덕에 선 등대는

비너스

아무것 할 수 없는
가슴의 변방에 자라난 용서 못할 가지는
잘려지고 꺾인 채
분재된 꽃을 피우고 있다
어느 골목길에서

기억의 꽃잎 벗겨 버리길 원할 것이지만
아이는
눈깔사탕을 까고 있다
우후죽순 떨어지는 눈물의 낙화에
감을 수 없는 세상을 떨어뜨리고
장미는 흐려지는 얼굴을 단단하게 떠올린다

시들지 않는 뜬눈으로 지새우는 하얀 꽃을 피운다
떨어지는 꽃은
스쳐가는 군중들 사이에서
한걸음의 외출에 벗지 못하는 수의를 입고
잘려나간 팔의 안부를 생생하게 덮어 버리는 것이다.

옥잠화

뒤뜰에 맺히는 한 송이 방망이
하얀 기억이 솟아오른다 뭉게뭉게
구름 피는 날, 두들기던 빨래
시어머니의 구박에 구겨졌던 홑청이
배냇짓으로 말끔히 펴지고
헤프게 불어오는 실바람에
풀 먹인 시집살이가 실려 온다
볼멘소리 숨겨주던 다듬이 소리는
초록 다듬잇돌 등살에서
늦더위 햇살에 바삭바삭 익어간다
까맣게 잊었던 그리움이
또가닥 또가닥 꽃대에서 쏟아진다 이제는
잔소리도 내려놓으시고
한 잎의 선산아래
긴 꽃잠을 주무시는 그믐밤
흘기던 눈빛만 처녀자리에서 반짝인다

정석봉

경남 합천 출생
2010년 『시안』등단
여시골문학 회원
영남시 동인

마음의 달빛

천병기

서울 영등포에 있는 친척 결혼식이 있었다
달빛 태우는 자리가 없는 별들의
고향
오늘은?
축배의 잔을 들고 나누는 날이다.

걸쭉한 키
서부 영화에서 보는 듯 찰랑거리는 누리

송사리의 무덤에 분주한 사내
잠을 재우고 있는 e 아버지
가물거리는 천체의 반란이
신랑의 자리를 찾았다

5년 전 잉크에 새로 등장한 모,

1부가 시작되는 멜로디 음반은
가엾게 느리고 흐르는 뇌리
머물 거리는 탑상형 자리

끝도 아닌데,
한둘 석양처럼 빠져 나가는
조속한 자리가 되었다.

쌔미

쌔미는 강아지 이름이다
이리 뛰고 저리 뛰고 돌아다니는 쌔미
오늘따라 마음대로 안 되네
작은 체구지만 야무지게 생겼다.

아침에 눈을 뜨면 먼저 인사를 한다
빈곳 혼자 있을 때 집주인 보다 났네

어제는 기분이 좋지 않았는지 눈만 멀뚱멀뚱
날이 밝은 오늘은 배를 하늘을 보고
재롱 잔치를 하고 있다

어느 때,
이런 쌔미가 시름시름 이도 빠지고
힘도 없어지고 애교도 없다

동물 병원에서
103세 하얀 백발이된 노인 할머니가
외박을 하고 돌아오지 않는다
전봇대에 붙은 강아지 찾는 현상이
얼시 년 스럽다.

노동이란 삶

반짝거리는 샛별이 유리창 넘어
초승달은 그믐처럼 보인다
매일 변함이 없다고
똑같은 상황을 반복하는 요즘
구름처럼 파리떼처럼

노동의 가치를 알면서
연속되는 늦은 시간
호수처럼 길을 밝혀 주는
친구가 있어 좋다.

천병기

호: 한길, 1960년 경북 안동출생
법인)한길공인중개사 대표이사
카페 팽나무 내고향 카페지기
여시골문학회 운영위원
경기도 성남시 바르게살기운동 수석부회장
(재) 성남 안동시민회 부회장
(사)한국 청년회의소 분당JC 특우회 감사(역)

지나가는 바람

이미숙

끝자락을 붙잡으면서
자의든 타의든 누구에게 주어진
다른 것도 아닌데
끝없이 가야 하는 주어진 것을

무슨 일을 할 때마다
항아리에 가득 채워야 한다

기억할 수 없는 단어
오늘따라 어설픈 삶이
봄에 피어오르는 풀잎을 보고 싶다

바람처럼 말없이
울부짖는 마음속에서
부딪치는 벽
새벽에 보이지 않는
삶이 바람처럼 날아갈 때.

나에게 희망의 당신

자루 빗 매고 날아가는 듯이
들길에 나선 당신이
가파르고 헉~헉 꺼리는 하루가
이른 아침부터 내민다

한평생,
소작 일을 하면서 하루도 쉬지 않고
윤 빛나는 옥토를 가꾸면서 벗으로 삼았다

장대 같은 소낙비가 내린다
발목을 잡은 하루는 옆집 동네 아저씨 집에서
부딪치는 막걸리 잔이 심부름 시키는
소리 같이 들린다

높은 산자락 자리한
크고 작은 소작을 하면서
오르내린 발자국

누군가에게 홀랑 벗어 던지고
영걸 어진 땀 방울을 볼 수가 없다.

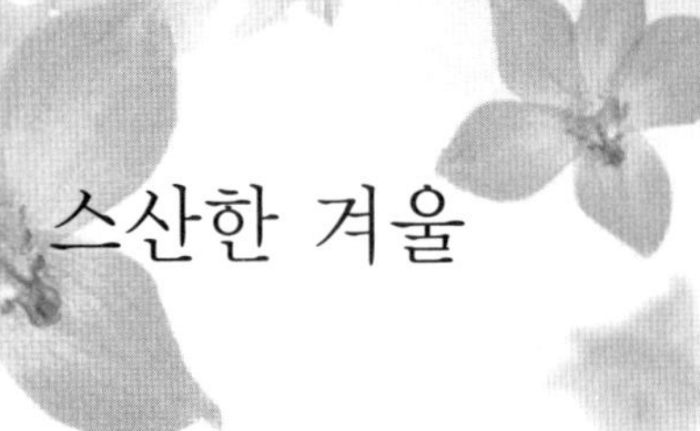

스산한 겨울

짙어가고 있는 혼

아궁이에 불을 지피며
연기처럼 피어오른 하늘 구름이
달아나는 한 음의 그리움

그 낡은 생활의 끝을매고 달렸지만
마음은 겨울이다

스산한 오후에
외로움의 고독은

어느 때 보다 지나가듯이
시간이 길게 흐른다.

이미숙

경북 청도 출생
여시골문학 운영위원
갈렌피겐문예대학 현대시 창작 수료
한화생명보험(주) 근무
향토 신문 편집 위원 (역)

빗자루

애향 조환국

토방 귀퉁이에 걸려 있는
다 낡은 빗자루
한 평생 함께 산다

날마다
방도 마당도 헛간도
쓸고 또 쓸어
그 자리에 걸어 놓는다

땅거미 질 무렵
아무렇게나 걸어놓은 빗자루
드려다 보면 볼수록
형상이 날 닮았다

온 집안 어디든지
쓸지 않는 곳이 없건만
정작 쓸어야 할
내 마음은 언제 쓸려하느냐

네 잎 크로버

토끼풀 들녘
네 잎 따 담으려고
커다란 망태 짊어지고
때도 잊고 헤맨다

헤맨 지 수 십 성상
보일 듯 보이지 않는
어디만큼 기다리고 있는지
종종 걸음 내 졌는다

네 잎 크로버 향해
자드락길 몰아쉬는 숨
뒤적이고 갈구하지만
갈기 다 닳아 문드러진다

염원하는 꿈
네 잎 크로버 만날 때까지
법신불 사은전 기도올린다.

가을의 뜰에서

잡초 그득한 화단
흙속 슬피 우는 지렁이
날카로운 바람타고
오카리나 연주 한창이다

휘영청 달 밝은 밤에도
칠흑 한 밤 가리지 않고
地神이 우는 소리
살금살금 귀 기우리는 데
발자국 소리 영락없이 안다

눈도 코도 귀도
머리도 허리도 없는 너
슬퍼 엄마 찾는 소린가
짝 찾는 신호 나팔소린가
헤매도 찾을 수 없다

오빠와 귀신 노래 찾던
유년 추억 가슴에 묻어나고
네 슬픈 가을 노래는
내 노을의 영혼을 달래준다.

조환국

아호 : 愛香
(사)한국문인협회 회원, (사)월간 한울문학 문인협회 회원
(사)월간한울문학 09년 4월 詩부문 등단
(사)월간한울문학 9월 작가상 수상
(사)원불교 서울문인협회 운영이사, 텃밭문학회 운영이사
청송 시원 회원
사)대한민국국보문학협회 이사

선차(仙茶)

곽병덕

스쳐 지나가는 바람
하얀 눈꽃이 산천을 덮어
피어오르네

산사 가는 길목 살얼음은
시냇물의 합창이 먼저 인사를 한다

산사의 하루해는
적막한 고요로 가라앉고
길목 은행나무는 벌써 봄을 꿈꾸다.

선차(仙茶)를 만날 일념
설레는 맥박
뜀박질을 해대던 순간들 고승은

먹빛 옷 단정히 차려입고
걸망에서 꺼내는 손길
소년처럼 기대의 눈망울을 굴려대다.

순수의 첫 만남
내 앞,
봄 기다리는 꽃 망우리가
하품하는 소리, 소리다

짙은 산 그림자만월로 여운을 남겨두다
절간 처마 낙수되어 뚝뚝 떨어지던
선차(仙茶)
그 향이 내 뒤를 따른다.

들풀(野草)

언제였을까
들풀(野草)는 이미 그 존재만으로 찬연하다

햇살 한 아름으로
풀은 나고 지더이다.

野草, 그저 바람에 스러져가는 것들일 뿐이라

더불어 있되 홀로 존재하는
들풀 몇 포기 있다.

언제나
빈 마음 내 가슴에 큰 울림으로 번져온다.

들풀(野草), 끈질기고 모진 생명력
신비스럽기까지 하다

그저
들풀처럼 살라 한다.

가을을 입히다

여름,
작열하는 태양의 이글거림
저토록 푸르고 높은 하늘
어이 할 거냐

먼 하늘 새털구름
맑은 바람 어이할거나

가을을 입히다
국화 맨드라미 구절초...
노랗게, 붉게 색칠을 한다.

곽병덕

아호 月江 필명 野草
부산시인 신인상
영남대학교 외래교수
경영학박사.
부산시인협회 회원
여시골문학 회원

· 서병진 | 그때 그 시절

· 이정종 | 전주 그 일착, '한지 박물관에 가다.'

· 송선우 | 유행가와 동요, 그리고 선생님

· 정다운 | 따뜻한 격려의 말 한마디

· 박승대 | 행복한 하루

· 정경채 | 나의 문학관(文學觀)

그때 그 시절

가산(嘉山) 서병진

그때 그 시절이 그리워진다. 아득한 시간을 찾아 그때 그 시절을 잔잔히 되새김 해본다. 잘 먹지도 못하고 잘 입어보지도 못하였던 그때 그 시절 학창시절이 생각난다.

공부는 뒷전이었다. 아침에 소치며 땔감도 해놓고 학교 다니든 시절이었다. 일요일이나 학교 안가는 날은 지게지고 산에 가서 땔감 나무 해오기도 하였다. 나무뿌리도 캐고 마른 솔방울도 채취하여 집에 모아 두어다가 가마니 담아 1가마 또는 2가마를 지게에 지고 시장에 팔아 학용품 구입이나 수업료에 보탰다.

낙엽은 솔잎파리만 갈퀴로 긁어모아 두었다가 5일 장날에 지게 가득히 한 짐으로 지고 가서 팔기도 하였다. 몇 명 학생을 제외하고는 대부분 농부의 아들들이었다. 그리하여 농사일을 안 해본 일이 없었다. 논밭을 갈아 흙을 뒤집는 쟁기질, 논에 벼를 심기 위해 물이 고르게 고이게끔 땅을 고르는 쓰레질, 논밭 잡초 김매기 등 농사일이 끝도 없이 밀려들었다. 쓰레질은 아무나 못한다. 허리를 펴고 하는 것이 아니기 때문에 고된 일이다. 그리고 지혜와 기술을 요하는 일이다. 쓰레질 해본 학생은 거의 없을 것이다.

중학생이지만 생활환경에 적응하면서 성숙한 마음가짐이었다. 사회성도 일찍이 깨달은 것 같다. 동네 어른들 섬기는 존경심이나 4H 봉사활동도 시간이 나는 대로하였다.

그때 우리나라 산은 벌거숭이 민둥산이었다. 요즘처럼 울창하지 안했다. 비가 오면 이산저산에서 산사태로 농작물을 덮어 피해가 이만저만이 아니었다. 자기 사는 마을 산이나 다른 마을 산에도 가서 사방공사에 자원 봉사하는 학생들도 있었다.

나는 뱀등산을 넘어서야 학교가 있었다. 이 뱀등산은 산사태가 자주 나는 산이었다. 그리하여 인력을 동원하여 사방공사를 한다. 아카시나무, 오리목, 싸리나무 등 많이 심었다. 요즘은 산이 울창하여 넘나드는 사람이 없다고 한다.

집에서 학교까지 왕복 8km 이상 걸어서 다닌 학생들도 상당수이었다. 꽃피는 봄이 오면 수업이 끝나고 하굣길에 허기진 배를 달래기 위해, 온 산에 지천으로 핀 진달래꽃을 따서 맛나게 먹고 나면 혀와 입안이 검퍼렇게 또는 검붉은 색으로 물이 든다. 서로 마주보면서 정신없이 웃던 그 시절이 새삼 그립다.

구전으로 전해져 오던 전설이 주저리 배인 산길을 넘으며 선배가 들려주는 옛날이야기에 정신이 팔려 어느새 멀고 험한 하굣길을 힘겨운 줄도 모르고 집에 도착하는 날도 있었다. 나는 긴 등 뱀등산을 넘어 불암(弗岩) 대독천(大篤川)을 건너서 학교를 다녔다. 그때는 이 산은 황토 산이었고 큰 나무는 없었고 벌거벗은 산이었다. 산이 얼마나 길었기에 뱀같이 길다고 뱀등산 이라고 하였던가.

대독천은 고성(固城)의 대표적인 큰 하천(河川)이다. 백두대간 곧게 이은 낙남정맥 정수리의 봉황 깃을 휘날리는 대독천 물결에 하얀 몽돌 까만 몽돌 터를 일구어 보듬고 해를 맞아 새로워져 하늘 높이 반짝거렸다. 여울물 빙빙 돌아 돌아서 정겹게 흐르는 하얀 마음으로 한가로운 삶의 투명한 유리빛, 서걱이는 갈대숲 잠재우는 은하의 별들이 쏟아지는 밤에 너울너울 춤추는 물새들 하늘을 수놓았고, 논둑길 방죽길섶 풀잎들이 이슬 맺힌 얼굴 곱게 단장하여 아련한 정을 종이배에 실어 철롯둑 수문(水門)을 밀치고 한려수도(閑麗水道) 다도해를 굽이굽이 휘돌아 어울려 오대양 넘실대는 큰 바다로 긴 여행을 떠나는 고성의 빛 대독천이 유달리 깊고 넓어 보였다.

공부의 기본은 복습과 예습이다. 그런데 제대로 하지 못하고 학교 다녔다. 주로 집안일과 농사일을 하였기 때문이다. 예습하기는 힘들었다. 참고서나 자습서가 안 가졌기 때문이다. 참고서나 자습서는 부유한 집 학생 아니고는 가진 학생이 별로 없었다. 참고서는 도시에서 전학 온 학생들은 가지고 있었다. 그때 시골 촌놈에겐 꿈도 못 꾸던 시절이었다.

그 당시 학교 시설은 교실마다 흙바닥 판자교실이었다. 고르지 못한 교실바닥은 울퉁불퉁한 땅바닥이어서 책상이 기울고 흔들려서 공책에 받아 적는 글씨는 지렁이 기어가 듯 꼬불꼬불 갈지자로 엉망이었다. 책걸상이 안 움직이도록 납작한 돌멩이를 주어 왔어 책걸상 밑에 받쳐 평행을 잡아서 공부하였던 기억이 아스라이 떠오른다.

핀자교실 사이사이 다니는 길은 흙바닥 자갈을 깔아 놓은 길이었다. 장마철 질퍽해지는 면적이 넓어지면 전교학생들이 불암 대독천에서 자갈을 책보자기에 싸서 운반하여 깔았다. 책보자기에 자갈을 많이 싼 학생은 책보자기 구멍도 나고 찢어지기도 하였다.

교실 벽은 나무판자이고 외부는 검정방수페인트를 칠하였고 지붕도 판자로 지은 판자교실이었다. 다른 교실에 가려면 흙바닥 자갈길로 가야했다. 걸어가면 자갈이 발에 차이고 서로 부디 치는 소리가 유난히 났다.

요즘처럼 콘크리트 건물과 시멘트로 잘 다듬어 이어져 있는 교실 아닌데도 불편불만을 하는 학생은 없었다. 수업 끝나면 반장이 선생님께 감사의 인사 구령 '쉬어! 차례! 선생님께 경례' 하면 학생들은 '감사합니다.' 끝나자마자 선생님보다 먼저 교실 밖으로 뛰어나간다. 다음시간 수업과목 책을 다른 반 친구들에게 빌리기 위해서였다. 가정형편이 어려워 책을 과목별로 모두 구입 못해 선배의 책을 물러 받거나 헌책을 구입한다. 또한 다른 반 아이들 책을 빌려서 공부하였기에 수업 마치면 다른 교실에 얼른 달려가 책을 빌려 수업 준비하는 경우도 있었다.

학교에서 경작하는 넓은 밭이 교정 위쪽에 있었다. 특히 기억나는 것은 뽕나무 밭이었다. 뽕나무에 거름 주고, 잡초 뽑기, 가지치기, 뽕잎 따서 누에 밥 주기 기억이 생생하게 난다. 닭장에는 노오란 병아리 어미 따라 종종 다니는 모습 지금도 새록새록 눈에 선하게 떠오른다.

정부정책인지 학교방침인지 몰라도 그때는 여름방학 숙제가 공부에 관한 과제물보다 농작물 수확에 관한 과제를 주었다.

봄이 오면 볍씨를 모 자리에 뿌려 어느 정도 자라면 논에 옮겨 심는다. 벼가 커 가면 잡초인 피가 벼보다 빨리 자라서 벼가 약해져 벼 수확량이 떨어지므로 피를 뽑아 없애야 한다. 농부는 피 뽑기 일손이 부족하였다. 그래서인지 학교에서 여름방학 숙제가 피 뽑기 숙제를 주었다. 피 뽑은 량에 따라 농업과목 점수를 부여하였다. 그때는 시골학생들은 읍내학생들에 으스대었다. 이것뿐만이 아니었다. 풀베기 퇴비증산도 있었다. 풀도 얼마만큼 베 분량을 주었다. 집에서 풀을 베 놓았다가 지게에 한 짐 지고 학교 간 기억들 새록새록 난다.

우리나라는 봄, 여름, 가을, 겨울 사계절이 뚜렷하게 있어 자연의 참 멋과 맛을 마음 것 즐길 수 있어 세계 어느 나라사람들보다 계절의 아름다운 혜택을 많이 받고 있다. 봄은 만물이 소생하는 아름다운 소생의 계절이고, 여름은 활력이 넘치는 열정의 계절이다.

가을은 결실의 계절, 독서의 계절 등 이름으로 많이 부르는 계절이다. 분명하게 가을은 완성의 계절이다. 만물이 소생하고 성장하여 일생을 달려와 그동안 뿌리고 가꾸어온 노력을 수확하는 기쁨이 있는 완성의 계절이다. 그리하여 나는 가을을 완성의 계절이라고 한다.

겨울은 낭만이 있는 계절이란 생각이 든다. 눈이 오면 남녀노소할 것 없이 좋아하지 않는 사람이 거의 없을 것이다. 들판에 나가서 두 팔을 펴고 큰 소리도 내어 보기도 하고 설레는 마음도 펼쳐 보기도 하는 계절이다.

그때 그 시절 눈 오면 학교에서 몇 개 반을 편성하여 뒷산에 토끼 사냥하러 가기도 하였다. 토끼는 앞다리가 뒷다리보다 짧기 때문에 아래에서 위로는 잘 올라가지만 위에서 아래로 내려가면 자꾸 뒹굴러져 잘 못 가는 동물이다. 그 약점을 이용하여 전두 지휘하는 선생님이 토끼에 대한 특성을 학생늘에 설명한 후 한 줄로 산꼭대기 기점으로 좌우 일렬로 서서 아래로 토끼몰이 했던 추억들이 지금도 생생하게 기억이 난다.

지금은 문명의 혜택을 입어 더 이상 바랄 것 없을 정도로 풍족하지만 마음이 가난한 탓으로 자살률이 OECD 회원국 중 상위라는 불명예스러운 딱지를 붙이고 있는 현실이다. 욕심을 비우고 마음의 여유를 찾아 힘들고 어렵고 배고파 눈물로 밥을 삼던 그때 그 시절이 그리워지고 행복한 추억으로 떠오르는 것은 인간적인 유대와 끈끈한 정이 흐르기 때문이라고 생각해 본다.

서병진

아호: 가산(嘉山)
전)주례여자고등학교장
한국문예학술저작권협 회원, 국제펜클럽회원
한국문인협회남북문학교류위원
한국현대시인협회 이사
셰익스피어문학대상 외 수상
시집: 「이파리 없는 나무도 숨은 쉰다」 외

전주 그 일착, '한지 박물관에 가다.'

이정종

오랜 역사와 전통, 맛과 멋을 지닌 전라북도를 여행하기 위한 일착으로 전주에 다녀왔다.

'천년의 비상'이라는 슬로건으로 5,000만 전 국민의 마음의 고향을 표방하는 아름다운 전라북도. 그 개괄적인 현황을 알아본다. 전라북도는 14개 시군으로 이루어져 있다.

동쪽은 고지대로 무진장이라 하여 무주, 진안, 장수가 있고 남쪽은 임순남으로 임실, 순창, 남원시가 있다. 서쪽으로는 군산, 김제, 부안, 고창 그 안쪽으로는 익산, 완주, 정읍이 있고 중앙에 전주가 있다.

특산으로는 고지대인 무주에는 무주구천동, 덕유산리조트, 천연기념물인 반딧불이 축제와 머루와인동굴이 있다. 진안은 마이산과 인삼을 가공 홍삼과 홍삼스파가 있다.

장수는 '물이 길다'는 의미로 뜸봉샘이 있어 금강의 발원지이며 수분리에서 금강과 섬진강으로 물길이 갈라진다. 이름 참 기막히다, 수분리. 장수는 사과, 한우, 곱돌의 명산이며 논개의 출생지이기도 하다. 임실은 치즈, 순창은 너무나 잘 알고 있는 고추장과 강

천강, 해문산동굴과 기암절벽이 있고 빨치산의 아픔을 간직하고 있다.

남원은 춘향과 추어탕으로 유명하다. 추어탕은 태조 이성계와 관련이 있는데 왜구를 소탕하고 남원 음봉에서 병사들의 기력을 보충하기 위해 미꾸라지를 잡아 끓여먹였다는 일화가 있다. 김제, 정읍은 끝없는 평야지대로 벽골제와 지평선축제, 내장산, 금산사 등이 있다. 부안 은 해안지대로 해수욕장과 마실길, 오디와 채석강, 내소사 등이 있으며 고창은 선운사와 고인돌, 복분자와 풍천장어의 원류이다.

군산은 항구도시에서 근대산업도시로 국내 1호 포장도로인 전군도로의 시발점이며 근현대사 박물관이 있다. 보석으로 유명한 익산은 미륵사지, 왕궁탑, 보석박물관이 있다. 완주는 대둔산, 로컬푸드축제 등이 있고, 전라북도의 중심도시 이며 슬로우시티 전주가 있다. 한국인의 자존심을 지키며 살아온 한옥마을과 경기전, 전동성당 등 많은 역사와 사연을 간직한 아름다운 도시 전주가 있다.

드디어 전주에 도착했다. 전주 한지 박물관에 도착하니 우리를 안내해줄 현지 해설사가 반갑게 맞아주며 본인을 소개했다. 한지 박물관을 소개해줄 안내자의 설명과 함께 1층의 체험 마당으로 향했다. '정성스러운 손길이 백번을 거쳐야 된다' 는 우리한지의 제조 방법에 대하여 설명을 듣고 한 판씩 종이를 떠보기로 하였다. 원료는 닥나무와 닥풀을 사용한다.

'닥나무'는 뽕나무과에 속하는 낙엽성 관목으로 자연에서 자라면 5~6미터까지 성장하나 매년 잘라서 사용하면 2미터 정도로 자란다. 잎은 어긋나고 흔히 2~3갈래로 나누어지며 가장자리에는 잔톱니와 가시가 있고, 잎 양쪽에 가는 가시가 달린다. 꽃은 잎이 나올 때 암꽃과 수꽃이 한 나무에 따로따로 무리 지어 핀다. 수꽃은 새로 나온 가지의 아래쪽 잎겨드랑이에서 피며 암꽃은 위쪽 잎겨드랑이에서 핀다.

열매는 둥그렇고 6월에 붉은색으로 익으며 겉에는 아주 작은 가시들이 달려 있다. 닥나무의 열매를 저실(楮實)이라 하는데 이것을 한방에서는 양기부족 · 수종(水腫)의 치료에 쓰고 있다. 뿌리를 잘게 썰어 밥 먹기 전에 달여 먹으면 소갈(消渴)을 치료할 수 있다. 우리나라에서는 전국적으로 분포되어 있고 따뜻하고 비가 많은 지방 양지쪽에서 잘 자란다.

'닥풀'은 '황촉규(黃蜀葵)'라고도 한다. 전체에 털이 있고, 줄기는 둥근 기둥 모양이며 곧게 서고 가지를 치지 않으며 높이가 1~1.5m 정도라 한다. 꽃은 8~9월에 가운데 부분이 짙은 자주색을 띠는 노란 색으로 피고 지름은 10~15cm이고, 화관은 종 모양이며, 꽃잎은 5개이고 서로 겹쳐지며 세로 맥이 있다.

우리나라에 귀화한 식물로서 뿌리는 점액이 많기 때문에 종이를 만드는 데 중요한 풀감이 된다. 황촉규 뿌리의 점액질은 한지를 만들 때 지통에서 섬유가 빨리 가라앉지 않고 물속에 고루 퍼지게 해 종이를 뜰 때 섬유의 접착이 잘 되도록 도와준다. 닥풀이라는 이름은 닥나무로 한지를 제조할 때 점제로 사용하는데서 유래한 것이라 한다.

우리의 우수한 전통문화인 한지와 비단을 두고 일컫는 말이 '견오백 지천년(絹五百 紙千年)' 비단은 오백년, 한지는 천년을 간다는 말이 있다. 전문가들은 이 중 지천년의 한지비결이 바로 닥나무와 황촉규에 있다고 분석하고 있다.

황촉규는 한지 주재료 외에도 잎을 비롯해 줄기. 꽃. 뿌리 등 어느 하나 버릴 것이 없다.

본초강목에는 민간요법에서 약용식물로도 널리 애용된 역사적 기록이 있다. 한방에서는 꽃, 뿌리, 열매를 약재로 쓴다. 꽃은 통증 때문에 소변을 잘 못 보는 증세를 치료하고 종기. 악창. 화상에 외용하며, 뿌리는 임질. 유즙 분비 부족. 볼거리염. 종기에 효과가 있고 이뇨 작용이 있으며, 열매는 소변을 잘 통하게 하고 유즙 분비를 촉진하며 타박상에 가루를 내어 술에 타서 마신다.

어린 시절 시골에서 많이 접하고 가지고 놀던 나무를 오랜만에 접해보고 만져도 보니 그 시절 팽이 놀이가 생각났다. 닥나무는 껍질이 잘 벗겨진다. 또한 가늘게 갈라짐이 좋아 어린 시절 성능 좋은 팽이채를 만들기에 안성맞춤이다.

가지를 잘라 팽이채 손잡이를 만들고 그 끝에 닥나무 껍질을 짝짝 찢어서 꽁꽁 동여매고 약간의 물을 발라가면서 평평한 바닥에 쳐대기를 한다. 그러면 갈색의 겉껍질은 벗겨지고 하얀 섬유질 속껍질이 나온다. 이 팽이채는 팽이를 칠수록 가늘게 갈라져 팽이와 접촉면을 많게 하여 잘 돌게 한다. 가벼우면서도 질기고 팽이를 잘 돌게 하는 닥나무 팽이채가 제일 이었다. 그 하나만 제대로 만들어도 동네 팽이 싸움의 왕초가 될 수 있었다.

한지의 제조 공정은 크게 10단계로 나눌 수 있다. 맨 처음 단계로 그해 자란 1년생 닥나무를 베어 닥무지를 하여 수피를 벗겨내면 흑피가 되고 다시 겉껍질을 벗겨내면 백피가 된다. 두 번째는 닥삶기라 하여 물에 충분히 불린 백피를 적당한 크기로 잘라 2~3시간 충분히 삶는다. 이때 삶는 액으로 잿물을 사용하는데 옛날에는 볏짚, 메밀대, 콩대 등을 태운 재로 우려낸 잿물을 사용하였으나 최근에는 가성소다, 소다회 등을 많이 사용한다.

〈닥무지〉

예전에는 가정집에서도 잿물을 내린다 하여 빗물을 받아 모아 놓고 볏짚을 태운 재로 우려내어 빨래비누를 만들어 사용하고는 하였다. 지금이야 화학세제가 발달하여 편리하게 사용하는데, 예전의 잿물 내려 만들어 쓴 천연 세탁비누는 때도 잘 빠지고 공해도 없는 친환경 제품이다. 인위적으로 가공되지 않고 우리 주변에서 나는 자원을 이용하여 편리한 생활 도구나 용품으로 사용하였으니 조상들의 오랜 세월 지혜의 축적이리라 생각된다.

그 다음은 씻기 및 쐬우기 공정으로 말 그대로 흐르는 물에 담가 잿물기를 씻어낸 후 2~3일 정도 햇빛에 쪼이면 하얗게 표백이 된다. 다음 공정이 한지의 품질을 좌우하는 중요한 공정으로 티고르기 이다. 세척과 표백이 끝난 백닥을 물속에서 건져내 남아있는 표피나 티꺼리 등의 잔티를 손으로 골라내야 된다. 이는 일일이 눈으로 확인하여 수작업으로 진행됨으로 매우 피곤한 작업이나 종이의 품질을 좌우하는 아주 중요한 공정이다. 원료를 다져주는 두드리기 공정을 거친 다음 원료를 뜨는 지통에 정선된 백닥과 닥풀즙을 넣고 잘 저어준다.

이제 일반인들이 체험에 참가하는 종이뜨기 공정이다. 원료와 닥풀이 잘 혼합되어 있는 지통에 종이 뜨는 발을 담그어 전후좌우로 흔들어 종이를 떠낸다. 전통기법인 외발뜨기는 하나의 줄에 발틀 끝부분을 매단 후 종이를 뜨는 방법이다.

우리도 이 방법으로 종이를 떠보는 체험을 하였다. 연한 우유 빛깔이 나는 걸쭉한 풀물을 발에 떠서 몇 번 상하 좌우로 흔들어 발을 분리하니 젖은 종이가 나온다. 이를 물빼기와 말리기를 하니 미백의 창호지가 나왔다. 모두들 아이들처럼 즐거워 환호성을 지르며 한지 박물관 스탬프를 찍어 기념물로 보관하였다. 한지 뜨기는 마치 바닷가에서 돌김을 따다 수작업으로 김을 만드는 공정과 거의 유사하다고 보면 된다. 원료만 해초와 나무껍질로 다를 뿐 쉽게 생각하면 김 제조 공정과 거의 같다.

〈종이뜨기 체험중인 필자와 일생〉

우리한지는 '문방사우' 라 불리 울 만큼 우리민족과 가깝게 지내온 귀한 존재이며 오늘 날까지도 그 명맥을 유지 발전시켜 세계 속에 한지의 우수성을 떨치고 있다. 인류 문명의 발달은 종이에서 비롯되었다 해도 과언이 아니다. 우리한지의 정확한 제작 기원은 알 수 없지만 4세기경 불교가 전래되면서 함께 전래된 것으로 보인다.

'무구정광대다라니경(無垢淨光大陀羅尼經)' 의 제작시기가 이러한 사실을 뒷받침해준다. 통일신라 혹은 고려 때 인쇄된 것이라는 논란이 해소되지는 않았지만 704년~751년 사이에 만들어진 세계최초의 목판 인쇄물이라는 것이 정설이다. 이 종이가 바로 닥종이 즉 한지인데 1966년 10월 불국사 석가탑 해체 시 발견되었다. 현재 국립중앙박물관에 소장된 다라니경은 1200년의 오랜 수명을 자랑하며 선명한 글자를 보여주고 있다. 한지의 질기고도 긴 수명을 보여주는 우리 조상들의 훌륭한 제지 기술의 결과이다. 신라시대를 거쳐 고려시대 인쇄술과 제지술이 발달하면서 더욱 질 좋은 종이를 만들어 주변국에 수출하기도 하였다. 한지는 예로부터 재료, 제조방법, 쓰임새, 크기, 색채에 따라 대략 200여 종에 이르렀다. 체험관을 마치고 2층으로 올라갔다.

2층에는 한지 역사관, 한지 미래관, 기획전시실, 한지 생활관, 한지 재현관등이 있다. 역사관은 종이 이전의 기록매체들과 종이의 발명과 전래, 한지의 역사, 종류, 관련 유물 등이 전시되어 있고 미래관은 일상생활용품에서부터 공예품, 첨단 산업분야까지 다양한 모습과 한지의 우수성을 보여준다. 한지로 실을 꼬아 섬유를 만들어 의복과 필터, 스피커 등을 만들어 전시되고 있었다. 이는 우리가 더욱 연구 발전시켜나가야 할 것이다.

옆의 기획전시실에서는 마침 '최옥자 닥종이 인형전' 이 열리고 있었다. 1950년대부터 2000년대까지의 우리의 생활상을 작품으로 제작 전시되고 있었다. 옛날 우리의 일상 중 여러 모습과 닭, 개, 소등 다양한 가축들의 모습과 김장하려 무, 배추를 다듬는 모습 등 역동적이고 현실감 있게 만들었다. 특히 짚새기를 엮어서 장에 팔러 나가는 할아버지의 작품은 주름살과 수염, 지게바작 가득한 짚새기까지 실물보다 정교하고 아름답다.

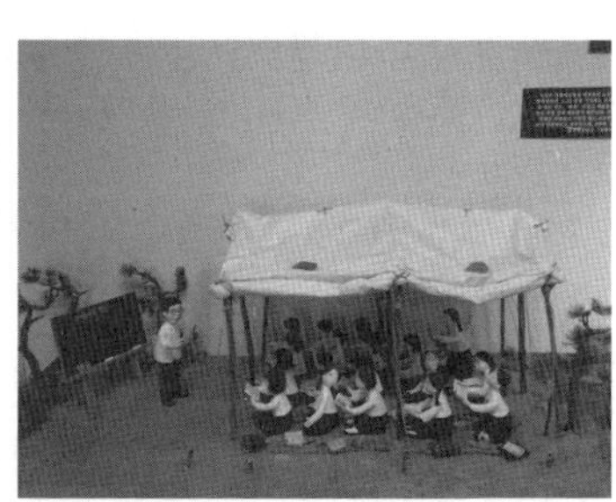
〈닥종이 인형으로 재현한 전시 노천학교〉

그 옆으로는 1951년도 전쟁 시 노천교실 모습부터 2000년대 까지 우리의 교실 모습을 재현 해 놓았다. 지나간 우리의 세월을 돌아보며 다시한번 쓴 웃음을 짓게 하였다.

6.25 전쟁 기간에도 식지 않는 교육열로 부서진 학교를 대신하

여 천막을 세우거나 노천에 칠판만 세우고 흙바닥에 앉아서 수업을 하는 모습은 우리의 가슴을 짠하게 만든다. 부서지고 피난가고 하여도 배워야 한다는 일념으로 3부제, 4부제는 물론 한 학급에 100명 이상 수용하는 것도 불사 하였다고 한다. 이는 1951년 4월 23일자 뉴욕타임스에 보도된 내용이다. 이 시절 어려운 환경을 딛고 굶주린 배를 움켜쥐고 나라의 발전을 위해 노력한 선배들의 수고로움이 오늘날 우리의 번영을 가져온 것이다.

기획 전시실 까지 돌아보고 2층 계단 옆에 닥나무와 파피루스나무를 보고 1층으로 내려왔다. 파피루스 나무(Papyrus Reeds)는 이집트 나일강 삼각주 변 습지에서 무리지어 자라는 갈대과의 식물이다. 보통 2~3m의 크기로 자라는 단년초 식물이다. 종이가 발명되기 이전 종이와 가장 유사한 서사재료로 사용되었다. 파피루스 나무의 학명은 Cyperus Papyrus로 종이를 표현하는 영단어 paper의 기원이 되었다.

1,000년이 지나도 변하지 않고 그 내용을 우리에게 보여주는 다라니경을 보며 우리의 고유기술로 만든 한지를 다양한 용도의 개발과 실생활에 많이 적용하여 더욱 발전시켜 세계 속의 우리한지가 되도록 하여야 되겠다.

이정종

전북 익산 출생
월간 국보문학 수필 부문 신인상 수상
서울과학기술대학교 대학원졸업(공학석사)
육군기술행정사관 제5기 예비역장교
ARTVAS 회원, 월간 국보문학 회원
(사)대한민국국보문학협회 사무국장
현)신장공업주식회사 전무

유행가와 동요, 그리고 선생님

송선우

위대한 탄생이나 k-팝스타 같은 음악오디션 에서 탄생한 어린 가수들을 보며 시대가 많이 변했다는 라는 걸 실감한다. 초등학생이 올드팝을 부르고 열여섯 소녀가 7080세대에나 부르는 애절한 발라드를 감성 있게 부르는 걸 보면 절로 감탄이 흘러나온다. 노래장르에 관계없이 자유롭게 선곡을 하고 열심히 연습을 해서 대결하는 모습을 보면 저 나이에 저런 가사를 알고 부르는 걸까 하는 생각이 들 때가 있다. 요즘은 순수한 동요를 부르는 어린이는 찾기 힘든 현실이다. 물론 동요대회도 있고 합창대회를 동요로 부르는 음악프로도 있지만 정신없이 빠른 템포로 자극적인 가요를 열창하는 어린이들이 더 많다.

소풍이나 운동회에서도 '아빠생각, 이란 동요보다 장윤정의' 어머나, 가 아이들 끼리에서도 더욱 열광한다. 대중오락매체들의 댄서그룹이나 특정가수를 따라하는 시대적 취향이 아이들을 그렇게 만든 것 같다. 아이들에게는 대중매체가 우상이자 선생님이기 때문이다. 맹목적으로 따라하며 배운다.

그런 모습을 보고 있노라면 문득 나의 유년시절이 떠오른다. 우리 어머님은 노래를 좋아하셨다. 설거지를 하실 때나 콩나물을 다듬을 때 큰소리로 노래를 부르곤 하셨다. 한곡을 배우시면 노트에 가사를 크게 적어놓고 반복적으로 불러 노트를 안보고 부를 수 있을 때까지 불렀다. 그러다보니 나도 그 곡이 자연적으로 외워져 어머니가 부르면 같이 흥얼거리며 노래를 부르면 어머니는 참 좋아하셨다.

뜻도 모르고 귀동냥해서 부른 노래를 청승스럽고 구성지게 부르다보니 기교까지 생겨 제법 들을 만 했다. 그 당시 유행하던 유행가는 웬만하면 다 부를 정도가 되었다.

사람의 기억력이 가장 왕성 할 때가 어린 시절 이리라. 그 시절 배운 노래는 어른이 되어서도 토씨 하나 틀리지 않고 다 기억을 할 수 있으니 말이다. 어머니는 그런 나를 어머니 친구들이 오시면 무슨 천재가수라도 된 것 마냥 노래를 시키곤 하셨다. 나도 노래를 좋아하는지라 감정까지 잡아가며 사랑노래를 부르고 이별노래를 불렀다. 칭찬들을 하시니 으쓱한 기분에 내가 정말 가수가 된 것 같아 기분이 좋았다.

그 시절에는 학교에서 오락회 시간을 가질 때가 있었다. 그 날도 담임선생님이 기분이 좋으신지 오늘 오락회시간을 가질 테니 노래할 사람은 노래하고 장기자랑 할 사람은 실력발휘 해보라고 하셨다. 그 때만 해도 아이들이 숫기가 없어 요즘 아이들처럼 표현하고 발표하는 것과는 달리 나가서 발표하는 것을 꺼려했던 것 같다. 서로 눈치만 보고만 있을 때 어떤 아이가 내 이름을 지명하며 노래를 하라고 하자 선생님께서는 “그래, 한번 해 보거래이” 하시는 것이었다. 잠시 망설였지만 엄마친구들 앞에서 했던 용기로 교단으로 나갔다. 반주도 없고 좀 어색하기는 했지만 아무생각 없이 그 당시 엄마한테 배운 노래를 감정을 잡고 불렀다.

밤은 적적 고요한데 나 홀로 누워
지난옛날 생각하니 눈물 고였네
저 멀리서 들려오는 두견새 소리
애처롭고 구슬프다, 눈물지었네

대충 가사가 이런 노래였던 것 같다. 사랑하는 님 을 그리워하는 노래인 것 같은데 애절하게 불렀던 기억이 난다. 그런데 반응이 조용하면서 뜨악한 표정을 짓는 친구도 있고 킥킥 웃는 아이도 있어 내심 당황을 했다. 선생님도 웃으시기만 할 뿐 아무 말씀이 없으셨다. 창피한 생각이 들어 자리에 앉았는데 짝꿍이 " 그 노래 유행가 아이가" 하는 것 이었다. 그때서야 분위기 파악이 된 나는 빨개진 얼굴로 고개를 못 들고 숙이고 있었다. 그 당시에는 동요를 불렀지 유행가를 부르는 아이는 없었는데 평소에 즐겨 부르다보니 나도 모르게 불러 버린 것이었다. 아이들이 수근 대는 것 같아 창피했다. 종례가 끝나고 아이들이 다 갈 때까지 자리에 앉아있었다. 청소검사 하러 오신 선생님이 오시더니 주머니에서 그 당시 유행하던 눈깔왕사탕을 하나 꺼내 손에 쥐어 주셨다. 고개를 숙이고 머뭇거리는 나에게 따라오라 하시며 앞장서서 걸어가시더니 멈춘 곳은 음악실 앞이었다.

"야, 들어온나 오늘 니 노래 잘하더라, 그래도 학생은 어린이답게 동요를 부르는 기라"

눈치만 보는 나의 등을 밀어 넣으며 피아노 앞에 앉으셨다.

"내가 오늘 동요를 하나 가르쳐 줄 테니 다음 오락회시간에 꼭 해 보거래이"하시며 피아노를 치면서 따라하라고 하셨다. 그때 배운 노래가 "초록빛 바다" 이었다.

초록빛 바닷물에 두 손을 담그면
초록빛 바닷물에 두 손을 담그면
파란 하늘빛 물이 들지요
어여쁜 초록빛 손이 되지요
초록빛 여울물에 (초록빛)
두 발을 담그면 (담그면)
물결이 살랑 어루만져요
물결이 살랑 어루만져요

부끄러움도 잊고 선생님의 반주에 맞춰 땡땡이 원피스를 입은 소녀가 선생님과 같이 부르던 노래가 한 폭의 그림이 되어 오선지 위에서 춤을 추는 상상으로 남아있다. 잊을 수 없는 아름다운 유년의 그림이다.

노래를 배워주시면서 노래가사가 얼마나 아름다운지 동요란 어린이들의 꿈과 의욕을 지닌 노래기에 많이 불러야 한다고 하셨다. 어른이 되면 유행가는 얼마든지 부를 수 있다고 하시면서 다른 동요의 악보도 주셨다. 그 때 배운 동요는 오빠생각, 달마중, 낮에 나온 반달, 달 따러 가자, 섬집아이, 등이다. 그 후에 그 노래를 발표했는지 안 했는지는 기억이 나진 않지만 학교에서 다시는 유행가를 부르지 않았다.

따뜻한 선생님의 마음이 아름다운 향기로 남아 있다. 선생님이 까 주시던 알사탕의 달콤함의 기억과 함께 말이다.

어릴 때는 될 수 있으면 동요를 많이 부르는 것이 옳다고 가르쳐 주신 선생님의 생각이 나이가 들면서 더욱 공감이 간다. 정서적으로 꿈과 희망을 주는 아름다운 시어로 만든 좋은 곡들이 가슴에 와 닿는다. 어느 행사에서 하모니카를 불면서 동요를 부르는 시인을 보면서 참 가슴이 훈훈해 졌던 기억이 난다. 환경과 시대에 따라서 달라지는 시대의 변화를 실감한다. 내가 자란 시절에는 시간적인 여유가 많고 놀이문화도 없었고 학교에서 보내는 시간이 많아 방과 후 에도 서로 공유하는 시간이 많은 시절이었지만 지금은 아이들 환경이 학교생활 보다는 방과 후 학원을 순례하고 시간적 여유는 없고 고작 노는 시간이라는 것이 정보의 바다인 컴퓨터나 스마트폰속의 세상에서 많은 문화를 배운다.

대화보다는 게임을 즐기고 남의 일에 신경 쓰는 일도 귀찮아한다. 그 만큼 혼자 노는 것에 익숙해 진 모습을 보게 된다. 놀려고 해도 모두 학원에 가서 놀 친구가 없다고 하던 어린이 인터뷰를 본 적이 있다. 그러다 보니 자연히 스마트폰이나 쉽게 접할 수 있는 대중매체에서 배운 노래로 내가 그랬듯이 자극적이고 감각적인 가사의뜻도 모르면서 아이돌가수나 댄서그룹가수들의 노래에 환호하는 것 이다. 동요는 싱겁게 생각하고 신나는 신세대가요에 이끌리는 건 어쩌면 낭연 한지도 모르겠다. 허긴 우리 아들도 동요를 부르는 걸 본 적이 없으니 부모의 탓도 있으리라.

예전에는 유행하던 노래를 유행가라고 불렀는데 요즘은 대중가요라고 부른다. 동요든 대중가요든 노래는 사람의 마음을 어루만져주고 위로를 가져다준다.

어린 시절의 동요나 사춘기 때의 안타까운 사랑노래, 올드팝 에서 성인이 된 후 매료된 애절한 발라드에서 트로트까지도 동화되지 않는 노래는 없다. 수많은 곡들이 나의 인생을 엮으며 지나가고 노래마다 숨은 사연과 만나고픈 사람들과의 추억과 향기가 묻어난다. 앞으로 남은 나의 인생에서 노래는 주머니속의 사탕처럼 외롭거나 힘들 때 꺼내 입안에 털어 넣는 달콤한 위로이다.

송선우

본명 : 송명희
월간 국보문학 시 부문 신인상 수상
노원문인협회 회원, 한국문인협회 회원
건국대 노래지도과 강사1급
노인복지사, 웃음치료사, 레크레이션 1급
녹조근정 대통령상, 월간 국보문학 회원
(사)대한민국국보문학협회 홍보국장
현)국립중앙의료원 근무

따뜻한 격려의 말 한마디

은향 정다운

"부주의한 말 한마디가 삶을 파괴하고, 칭찬 한 마디는 하루를 기쁘게 한다." 라는 말이 있다. 세상을 살아가면서 하루에도 수많은 말을 하며 살아간다.

부주의한 말 한마디로 이혼을 하는 사람들이 있고, 따뜻한 말 한마디로 사랑이 꽃피는 사람들도 있다.

말 한마디는 핵폭탄보다 더 무서운 위력을 가진 것 같다.

우리나라 교육열은 정말 대단하다. 자식들을 가르치기 위해서는 부모들이 노력을 많이 하며 뭐든지 알고 배워야 하는 시대이다.

그래서 나는 교육 세미나 강의 듣는 것을 좋아해서 자주 강의를 들으러 가곤 한다.

옛날 사람들은 뭐든지 자기 스스로 노력해서 삶을 개척하고 어려움도 헤쳐 나가고 자신의 능력을 키워 가는데 열중했다.

학생늘도 과외 없이도 대학을 잘 가고 참고서를 보며 도서실에서 밤을 새워가며 공부했다.

그 당시는 과외를 받을 만한 형편도 안 되었겠지만 지금은 학생들이 학교 공부를 스스로 하기 보다는 공부할 여건을 만들어 주어야 공부를 하고 학교에서 배우는 것은 기본적인 것 밖에 안 되는 것 같다.

과외를 안 하면 대학을 못 간다는 식이다. 과외를 더 많이 선호하고 있는 게 지금 교육 현실이다. 또 지금 시대는 뭐든지 정보를 알아야 하고 배워야 하는 시대이다.

요즘은 유명인사의 강의를 들어야 정신교육이 되는지 회사나 기업체에서는 강사를 초빙하여 교육을 시키고 있다.

시대가 갈수록 사람들은 정신력이나 사고의지가 약해져 가고 있는 것이다.

우리가 세상 살다 보면 평탄한 길만 걸어갈 수가 없듯이 때론 굽이굽이 돌아가는 길도 가야하고 가파른 언덕길을 올라 갈 때도 있다. 그럴 때는 주저앉고 싶고 포기하고 싶을 때도 있다.

그러나 인내심을 가지고 포기하지 않고 올라가다 보면 분명히 내려가는 길도 만날 수 있다.

갈수록 사람들은 살아가기가 조금만 버거워도 쉽게 좌절하고 자신을 포기하기도 한다.

정말 안타까운 일이다. 그러기에 회사에서는 사원들의 질을 높이고 적극적인 사고를 가지고 일을 할 수 있도록 정신교육 훈련을 통하여 인성교육을 시키고 있는 것이다.

회사의 발전을 위해서 작업능률을 올리고 교육을 받음으로서 새로운 정보로 얻고 동기 부여도 받아 열정도 생겨 적극적으로 일을 할 수 있기 때문에 교육을 시키고 있는 것 같다.

그래서 세미나 교육을 자주 받게 되고 많은 사람들 속에서 부대기며 배우고 가치관도 성숙되어 열심히 배워 가는 모습에서 좋은 강의를 들으면 또 살아갈 힘이 생기기도 한다.

그 강의 속에 삶과 열정을 배우고 "나도 잘 할 수 있을 거야." 하는 다짐을 하게 되는 것이다.

좋은 강의를 들으며 힘과 용기도 생기고 새로운 지식도 쌓이고 좋은 말을 들으면서 내 자신도 좋은 쪽으로 변해가고 활기도 생기고 사람이 침체해 있을 때는 칭찬의 말을 들으면 기분도 좋아진다.

내 경험에도 사람들이 위로의 말 몇 마디의 작은 것에 사람들은 무척 행복해 하고 감사할 줄 하는 순수한 사람이 많구나 하는 생각이 들 때가 있다. 이런 것을 볼 때 말이란 정말 대단한 힘이 있다는 것을 새삼 느낀다.

우리는 말 한마디에 그 사람을 살리고 죽인다는 말이 실감나는 현실에 살고 있다.

말 한마디 잘못해서 순간적으로 살인도 하는 세상에 살고 있는 것이다.

17대 대통령 선거에서 BBK 사건으로 민심이 술렁이고 있었다.

지지율이 시이소를 타고 있는 것 같았다. 말의 위력이 대단하다는 것을 실감했었다.

말 한마디가 대통령의 자리까지 흔들어 놓고 있었다.

어떤 사람이 사업에 실패하고 죽을 결심으로 자살을 생각하고 있었다.그런 사실을 알게 된 주위 사람들이 그 사람을 따뜻하게 격려하며 얼마니 힘들겠냐며 따뜻하게 위로를 하며 마음으로 감싸주었다.세상을 살다보면 그런 일도 있다고 괜찮다고 힘을 내라고 같은 맘이 되어 이해하며 위로하는 말 몇 마디에 일어설 용기를 얻어 인생을 새로 시작할 마음이 생겼다고 한다.

사람들은 살아가기 바쁘고 삶이 버거울 때 따듯한 말 한마디에 큰 위한을 받아 그 사람 인생이 바뀔 수도 있기 때문이다.

나도 때로는 삶이 힘이 들 때 주위 분들이 힘을 내라고 위로해 주고 잘할 수 있다고 격려해 줄 때 힘이 생기고 감사하는 맘이 든다.

아무리 나쁜 사람이라도 따뜻한 말 한마디는 그 사람의 삶을 풍요롭게 만드는 수도 있는 것이다.

사람은 자기보다 잘난 사람도 없고 자기보다 못난 사람도 없다.

자신을 어떻게 가꾸어 가느냐에 마음가짐 달려 있다고 할 수 있는 것이다.

이웃 간에도 사소한 말 한마디가 싸움의 불씨가 되고 은혜스러운 말 한마디가 힘이 되어 사랑이 되기도 한다. 말 한마디에 천 냥 빚도 갚는다는 옛날 속담도 있다.

그만큼 말에 중요성을 일깨워 주는 것 같다.

따뜻한 말 한마디로 희망의 말로 내 이웃에게 용기를 줄 수 있도록 노력하며 삶에 지쳐 힘들 때 서로가 서로에게 힘을 실어 따뜻한 온정을 베풀고 살았으면 하는 바람이다.

인생의 활력을 주는 말, 힘이 되는 말, 격려가 되는 말, 칭찬의 말을 많이 하며 살아야 겠다.

정다운

국보문학 시 · 수필 등단
국보문학경기도지회장
한국문인협회회원
한국수필가협회회원
시와수상문학사무국장
서울시인대학홍보이사
수원갈비스토리 대표

행복한 하루

無心 박승대

"마누라 말 잘 들으면 자다가도 떡이 생긴다는 말 모르요? 진눈깨비 온다고 가시지 말라면 가지 말 것이지…." 콧물 훌쩍거리는 내게 쌍화차를 끓여 내며 거보라는 듯이 한마디 하는 아내다.

초보라서 그런지 가을걷이 끝난 밭의 상황이 궁금했다. 찌푸린 하늘을 보고 망설이긴 했지만, 빈둥대느니 바람도 쐴 겸 둘러보고 오는 것이 마음 편할 것 같아 고집 한번 부리다가 그만 감기에 걸렸다.

"그래도 갔다 오길 잘했어!" 하면서 밭의 상황을 빌미로 변명이라도 하고 싶었다. 마늘 덮은 비닐이 날려서 다독여준 일. 배추 뽑은 밭이랑의 비닐이 너저분해서 정리한 일. 된서리 맞은 부추가 축 쳐진 게 안쓰러워 논에서 볏짚 걷어다가 덮어 주는데 진눈깨비가 오는 바람에 그렇게 되었노라고, 마치 무슨 무용담이라도 되는 것처럼 신나게 늘어놓았다. 그런 나를 한심한 듯 바라보는 아내의 눈빛에서 '그래서 감기 걸리기를 잘 했다는 거예요 뭐예요?' 하는 무언의 나무람을 읽고 슬그머니 아내의 눈길을 피했다.

퇴직을 하고 40여 년 만에 낙향하여 고향 근처에 둥지를 틀었다. 이유를 들라면 아주 없는 것은 아니지만 구체적인 계획은 없었다.

고향을 지키고 계시는 작은 어머니를 뵈러 가는 길에 생전에 부모님이 농사지으시던 전답을 둘러보았다. 남다른 감회가 깊은 전답이다.

농사일은 늘 어머니 차지였다. 아버지는 돈 벌러 객지로 나가시고, 유학생(遊學生)이던 형은 장남이라는 프리미엄인지 방학이나 돼야 잠시 얼굴을 비쳤다. 어린 동생들은 그렇다 치고, 틈틈이 어머니 일을 거들어야 했던 건 중학생인 나뿐이었다. 바람 한 점 없는 삼복더위에 밭일을 한다는 것은 그야말로 초인적인 인내심이 필요했다. 어머니는 겨울 한철을 빼고는 늘 그렇게 들에서 살다시피 하면서 억세게 일을 많이 하셨다.

소바리나 겨우 드나들던 농로는 트랙터가 다니도록 확장이 되었고, 비닐하우스가 많이 들어선 데다, 산자락 곳곳이 가족묘지로 변모한 풍경이 낯설어 보이기는 했지만, 어머니의 땀이 배어있는 큰밭(밭 이름이다)은 별로 달라진 게 없었다. 학비 마련에 한몫했던 밭머리의 감나무들도 크기만 다를 뿐 건재하고, 군데군데 쌓아놓은 돌무더기도 그대로였다.

땀범벅이 되어 밭을 매시던 모습이나, 저물녘까지 고추를 따시던 모습이 눈에 선하여, "어머니!"하고 부르면, "뉘여?"하시며 돌아볼 것만 같았다.

그동안 남들이 부쳤다더니 한눈에 봐도 관리가 엉망으로 보였다. 부모님이 얼마나 힘들게 장만한 밭인데 이럴 수 있나 싶어 마음이 짠했다.

발길을 돌리려는데, "둘째야! 네가 어떻게 좀 해볼 수 없겠니?" 하시는 어머님의 간곡한 음성이 들리는 듯 했다. 마음이 번잡하여 여러 날 속앓이를 하며 우울하게 보내야 했다. 논은 어찌할 수 없더라도 밭은 어떻게 해보자고 아내와 의논을 하니 고맙게도 군말 없이 동의해 주었다.

집에서 밭까지는 무시로 왕래할만한 거리는 아니어서 상황에 따라 일주일에 한두 번 밭에 가기로 했다. 이렇게 해서 우리 부부는 농부 아닌 농부 행세를 하게 된 것이다.

첫해는 콩을 심었다. 풀 관리를 하지 못해서 그야말로 죽을 쑤고 말았다. 사먹는 게 싼데 괜한 고생이라며 가끔 거들어 주는 동생이 있긴 해도, 3500㎡가 넘는 밭을 왕초보 둘이서 감당한다는 것은 애초부터 불가능한 일이었다. 대책이 필요했다. 고심 중에 형님의 도움으로 매실나무를 심었다. 동생은 양수기를 설치해주고, 막내가 농막을 지어주는 등, 형제들이 물심양면으로 응원해주니 힘이 났다. 남은 1000㎡ 정도는 쉽게 감당하겠거니 했는데, 막상 대들어 보니 이것도 만만한 게 아니었다.

두 해 동안은 별 소득 없이 왔다갔다 땅 밟기만 한 듯싶고, 3년차부터는 다부지게 달라붙었다. 농부에겐 3월부터 바쁘다. 농기계를 다룰 줄 모르니 삽질할 곳이 많고, 풀과 수분 관리를 위해 검은 비닐로 밭이랑을 멀칭도 해야 한다. 이런 힘든 과정을 거쳐야 하지만, 웬만한 채소는 손수 가꿔 자급자족하겠다는 욕심으로 여러 가지를 심었다.

일머리도 모르면서 일주일 치를 하루에 하려니 힘이 부치고 고단은 하지만 견딜만했다. 그런 나를 보고 아내는 "밭에만 가면 힘이 펄펄 나요?"하면서 도리질을 쳤다.

옛날에 어머니가 그러셨다. 한 이랑이 100m는 족히 되는 밭에서 땡볕에 온종일 일한다는 게 얼마나 힘들었을까만, "이깟 것 아무것도 아녀. 이 자식 저 자식 생각하며 호미질 하다보면 한 이랑 매는 건 일도 아녀."

얼마나 힘들었으면 저녁상 물리자마자 초저녁부터 죽은 듯이 주무셨다.

종일 일하고 나면 온 삭신이 쑤시고 힘든 건 사실이지만 그래도 행복하다. 물론 힘든 노동 자체가 행복하다는 게 아니다. 즐거움으로 노동에 임하는 내 마음이 행복하다는 것이다. 마음 속 잡초도 함께 뽑아내서 그런지 일하는 동안은 잡념에서 자유 할 수 있어서 좋고, 수확물을 이웃과 나눌 때의 뿌듯한 행복감이란 아무나 쉽게 가늠해 볼 수 있는 게 아니다.

노동은 오늘을 열심히 살면 내일은 더 열심히 살 것 같은 희망과 자신감을 주어서 남은 인생 저어하지 않아도 될 듯싶어 자긍심을 갖게 한다.

무엇보다, '우애가 있어야 한다'고 훈육하시던 어머님이 돌아가시고 한동안 소원(疎遠)했던 형제들이 이 일을 계기로 다시 뭉치게 되면서 마음들이 훈훈해져서 좋다.

더러는, "골프도 치고 여행도 하면서 재미있게 살지, 하던 일도 손 털 나이에 뭔 청승이냐"고 한다. 한창 일할 젊은 날엔 재충전을 위한 휴식이 반드시 필요하다. 그러나 점점 몸이 굳어가는 노년기엔 외려 꾸준히 꿈지럭거릴 소일거리야 말로 최고의 건강 비결이 아닐까 싶다.

우리 부부의 소망은 소박하다. "적게 소유하고 풍부하게 존재하자"며 '조화로운 삶'을 말했던 스콧 니어링(Scott Nearing)처럼 절제된 삶을 살기란 쉽지는 않을 것이다. 하지만, 삶을 넉넉하게 하는 것은 소유와 축적이 아니라 희망과 노력이라 하지 않던가. 기본생계비는 연금으로 가능하니 철따라 노동하며 짬짬이 읽고, 쓰고, 아내에게 적당히 아부도 하면서 이웃과 함께 마음만은 부자로 살고 싶다.

흙의 정직함과 씨앗의 끈질긴 생명력을 배우며 손수 가꾸고 거둔 수확물로 필요를 채우면서, 오늘을 열심히 살아 낸 '행복한 하루'였음을 감사하며 여생을 그렇게 보내고 싶다.

박승대

서울시 서기관 퇴직
녹조 근정훈장, 대통령표창 등 15회 수상
월간 국보문학 수필부문 신인상 수상
월간 국보문학 회원
(사)대한민국국보문학협회 정회원

나의 문학관(文學觀)

鄭貞采

약사이신 아버지와 학원과 예식장을 경영하시던 엄마 사이에서 귀염둥이 딸로 태어난 나의 어린시절은 다른 아이들에 비해 유달리 고독할수 밖에 없었다.

아버지는 당신이 직접 운영하시는 약국에서 흰 까운을 입으신체 고용 약사들과 더불어 약제를 처방 조제 하시기에 언제나 여념이 없었고.지금이나 그 시절이나 아침 일찍 출근 하는 것이 상례인 선생님 엄마가 학원으로 가고 나면 집안에는사십대 중반의 과수댁 가정부 한 사람과 나만이 남았다.

가정부(그시절은 식모라 칭했음)는 이것저것 집안에 쌓인 허드렛일을 하느라 종일 손 쉴 틈이 없었지만 홀로된 나는 눈처럼 쌓여오는 외로움과 그 적막감을 어쩔수 없이 혼자서 삭여 낼수밖에 별 도리가 없었다.

고독한 환경은 그 외로움에서 탈피 코저 하는 무형의 의지가 강열하게 작용하든 여린 새싹을 문학의 세계로 이끌어 들이는 동기가 되여져. 밖에는 세찬 소낙비가 줄기차게 내려 퍼붓는 오늘 밤 이 글을 쓰게 된건 아닐런지...

그 시절(1948~1949년경)내가 초등학교 5~6학년때쯤 아동문학가 방기환 선생님이 발행 하던 유일한 월간잡지 "소년"(少年)을 읽게 되였고 매달 그속에 연제 되던"빅톨.유고"원작의 - 쟌발쟌(레미제라불)-을 만나게 되였다.

인간이 갖은 무한한 이상과 꿈의 실현을 그리는 낭만주의(romanticism)와 종교적인 사랑과 영혼의 구원을 위주로 하는 인도주의(humanism)사상이 주제와 바탕으로 된 그 작품 속에서 사제(司祭)"미리엘" 신부를 대신해서 묘사했던 기독교적인 사랑과 용서의힘은 세상에서 버림 받고 폐인이 되다시피한 한 범죄자를 개과천선(改過遷善)케 하여 그를 새 사람으로 부활 재생시키는 줄거리 속에서 고독하고 감수성 강했던 나는 크나큰 감동을 느껴면서 문학의 세계 속으로 깊숙이 빠져 들고 있었다.

"또스토.에프스키"작 "죄와 벌"속에서의 냉철하고 지적인 가난한 젊은 대학생 주인공은 모순된 세상의 빈한을 퇴치하고 빈민을 구제 하고저 아무런 쓸모없는 쓰레기 같이 생각되는 돈 많고 의심 많은 전당포 노파와 하녀 두 사람을 치밀한 계획을 세워 살해하고 재물을 약탈 하는데 까지는 그의 계획데로 완전 범죄 형으로 성공을 걷울수가 있었지만 그 일 이후 그는 자신으로서는 도저히 답을 구해 낼수없는 처절한 영혼의 새로운 고통 속으로 빠져들어 고뇌 하고 있든 날들 속에서 하나의 비천한 작부(酌婦)"소냐"란 여인을 우연히 만나게 되였다

그는 그 자신도 도무지 알지 못하는 야릇한 영혼의 절규 속에서 헤매다가 그에게 이 사실을 고백하게 되고 이에 대한 해결책을 그에게 물어 보았다.

그의 이야기를 모두 들은 "소냐"는 다음과 같이 담담하게 말했다.

– 당신이 구원 받을수 있는 길은 땅에다 입 마추고 자신이 한 일을 하늘을 향해 고백 한뒤 스스로 경찰서를 찾아 가서 자수하는 방법 뿐이라고....

인간의 영혼 속에는 神 에게로 닥아 가려는 구원의 의지가 은연중에 작용하고 있었던 것이였다

그 이외 "레오 톨스토이의" 강열한 휴메니즘" 이 주제가 된 여러 대작(大作) 들 속에서 젊은 날의 나는 깊은 감동과 충격을 받으면서 자기 성찰의 계기가 되여지는 문학의 세계 속으로 더욱 깊숙이 빠져 들어 갔다.

그 동안의 삶을 통하여 내가 섭렵(涉獵)했던 유수한 명작들은 저 어두운 밤 하늘 위에서 빛나는 별 빛 같이 반짝이면서 내게 끊임없이 파생 되여져 오는 삶의 권태 들을 말끔히 씻어내주는 더 없는 열락의 전령사(傳令使)임이 분명했다.

독일의 철학자 "쇼펜하우어가" 그의 저서 -"意志와 表象의 세계"- 에서 과학과 예술에 대하여 설파한 말이 생각난다.

예술은 과학보다 위대하다.과학은 인간생활에 무한한 편리함을 주지만 인간을 광기(狂氣)로 부터 구제 하지는 못한다. 과학은 노력의 집적으로(集積)으로 가능 하지만.예술은 오직 천재를 전제로 하기 때문이다.

구름 처럼 피어 나서 외로히 떠 돌다 이슬 처럼 사라져 가야만 하는 우리들의 인생도(人生圖).오늘도 나는 이 天才 들이 개미 챗바퀴 굴리듯 권태로운 삶의 시름 들을 떨치고 활력소를 주고저 내게 감동을 준 아름다운 詩句 들을 홀로 낭송 해 본다

정정채

시인 · 수필가 · 시낭송가
한국 문인협회 회원
세계 모던포엠 제4회 시부문 은상수상
제4회 국보문학 옥당 문학상 대상수상
한국 문학신문 문학상 시부문 대상수상
창계문학 수필부문 대상수상
시집 「아름다운 극본」
공저 「침묵의 꽃」, 「시와 엣세이」, 「이슬속에 숨은 꽃」
「내 마음의 숲」 외 다수

· 이홍규 | 서리꽃 1 외

· 송형기 | 계곡 외

· 최수연 | 초 가을 외

· 송태한 | 허수아비 외

· 정성채 | 함덕에서 외

· 김충무 | 동백꽃 외

· 정석현 | 낙엽 외

· 정병욱 | 백일 날 뒤집기 외

· 강도헌 | 봄 날이었다 외

· 이천도 | 시(詩) 외

서리꽃 1

이흥규

겨울밤 내내
강물이 토해낸 잔기침이
바람도 움츠린 공기의 현을 퉁긴다.

별들만 눈뜬 까만 밤
버드나무 뿌리의 날숨을 타고
반짝이는 별을 향해 오르는가 싶더니

나무들의 키만큼
가지에 붙잡혀
그 또한 별이 되고 말았는가.

냉기가 수놓은 나무서리
벌거벗은 가지에 꽃으로 피어나
하얗게 웃는 미소가 시리다.

침묵하고 돌아누운 강가에
온통 새하얀 서리꽃

상고대는
한겨울
도시의 정원에 수놓은
아름다운 별이다.

서리꽃 2

하얗게 드러누운 아랫목에서
잠 못 이루고 뒤척이는
강물의 입김

하늘을 향해 날아오르다
나뭇가지를 붙잡고
별이 되었다.

끝없이 펼쳐진 무한 공간에서
떠돌아 헤매다
강으로 되돌아가는 물방울

수증기마저도 간극의 차이로
어떤 놈은 꽃으로 피어나고
어떤 놈은 흔적 없이 사라지고 마는가.

슬퍼하지 마라.
한낮이면
꽃 또한 녹아내려
물이 되고 말 것을…….
별과 물방울
순간인 것을…….

바람과 나무

나무가 바람을 휘어잡는다.
"좀 쉬었다 가요."
바람이 나무를 감아 안는다.
"어찌 그리 나긋나긋 해!"

한동안 껴안고 비비적거린다.
황홀한 나무의 춤
머리채를 잡고 빗질한다.
즐거운 바람의 비명

바람만 만나면
신들린 듯 춤추는 나무
나무만 만나면
감아 안고 비비대는 바람

이제 떠나야할 시간
바람은 뒤돌아보지 않는다.
황홀한 춤을 위하여

나무는 또
바람을 기다린다.

늘 한자리에 서서…….

이흥규

전남 영광 홍농 출생 (號 ; 芝堂)
행복을 전하는『꽃 사랑』대표
한국문인협회 회원, 광주광역시 문인협회 시분과 회장 역임
광주광역시 교원연수원 강사 역임
국제문화교류회 문화교육상 문학부문 수상
새싹회글짓기지도교사상, 광주전남아동문학상
「우리문학」시 추천 등단, 국보문학 소설당선
전남도민일보 신춘문예 소설 당선
시집 : 「달빛 낚기」 외 3권 상재

계곡

옥산 송형기

자연은
어두워지기만 하면
계곡의 물소리만
밤을 지새운다.

여름엔
매미소리로
하루를 보내고

겨울엔
까마귀의
검은 이야기로
하루가 밀려난다.

산골의 해는
지각하는 습관
일찍 자는 버릇
때문에 하루가 짧다.

복숭아

오동포동 살 오른
내 손주 볼같이 예쁜
하얗다가 노르스름
발그레한 복숭아

같이 먹으려 했더니
훌쩍 출근하는 딸
나 혼자 다 먹으려니
맛이 절반 줄었네.

오늘밤은
복숭아 닮은
복스러운 가족모여
오달지게 먹어
맛을 확인 할까나

식구(食口)

가족은 식구라 안 카더나.
밥 식(食)자에
입 구〈없음〉자 그기 가족인기라

지 입이 내입이고
내입이 지 입인기라

끼니를 같이 해결하는
식솔이 가족 아니 것나

멀리 있는 친척보다
가까운 이웃이 사촌이면
사촌은 가족 아니 것나.

자식은 골백살이 되도
미덥잖은 아이 아니것나
자나 깨나 염려 근심걱정하제
무조건 잘되면 장땡인기라

세상에서 젤 똑똑하고
질 잘나고 야무지고 깨끗한
사람이 식구 아니것나

소임(所任)

그대의 소임은
작고 허튼 하찮은 것이 아니라
지성을 지닌 대단한
가르침의 성스런 길이였다.

지혜의 문을 열어주기 위해
들어주고
이끌어주고
풀어주고
앎을 나눠주는 꽃을 키우는 정원사였다.

그대의 정성으로 말미암아
백년대계를 위한
숨어있는 인재를 발굴하기위해
산 넘고
강 건너
길을 내는 의지의 개척사는
창조의 홍복을 아는 지도자였다.

진하 일출(日出)

어둠을 사르어 먹는 조화로
허공에 그린 소꿉장난이 아니었다.
용의 몸부림이 동녘에 길을 내어
살며시 내민 하나님의 환한 얼굴이었다.

하늘을 태우고도 서서히 나타나는
해오름은 온 누리 밝은 빛을 던져
살아있는 것들에 생명을 이어주는
나만의 거대한 우주의 창조였다.

만유에 삶을 내려주는 순간에
내게로 와서 붉은 피가 맴돌아
어제 대교에 뜨는 해는 정숙하였고
오늘 간절곶에 솟는 해는 의젓하였다.

산에서 나타나는 해는 지혜로웠고
바다의 일출은 진한 인자함이었다.
흐린 안개사이에도 멈추지 않고
세찬 바람에도 밀리지 않고
성난 파도에도 태양 빛은 순수했었다.

복덩이

들고남은 간결하게 하시고
앞뒤 주제에 맞게 사시면

꾸미지 않아도 아름다워
복덩이 꽃이 피어납니다.

말과 행동이 같으면
언행일치라 하고
겉과 속이 같으면
표리상응이라 하니

배려하고 솔선하면
그것만으로도 사람답습니다.

송형기

월간 국보문학 시 부문 신인상 수상
움막문학회 회원, 월간 국보문학 회원, '내마음의 숲' 동인
(사)대한민국국보문학협회 정회원
저서: 「참동학의 실체」, 「미륵경전」,
시집1권 「아상을 버리기 위하여」 2010발간
카페: 네이버 산과 시 (cafe.naver.com/oksan99)

초 가을

하정 최수연

쏟아지는 가을 햇살
풀숲 사이로

억새풀 꽃단장 하고
민들레 꽃씨
날아갈 채비를 하고

군데군데 피어있는 쑥부쟁이
수줍게 하늘거리며
가을손님 기다리고.

은행잎

하늘향해 파랗던 무성한 몸
한 여름 그늘 되어 주고
모진 비바람 맞으며

동그란 열매가지에 달고
내 할 일을 다 한듯
노란 빛으로 물들이고

하나 둘 떨어져 고운길 만드니
비단결 촉감이
잠시 발걸음 멈추게 한다

가을 볕 따뜻한 바람따라
길가에 뒹구는 노란 은행잎이
가을 풍경을 그렸다.

가을

푸르름이 가득했던 산야
선들 바람에
붉게물든 단풍잎 출렁이고
들국화 은빛 억새 흔들고 지나가며
가을을 재촉한다

바람에 부딪혀
낙엽은 한잎 두잎 떨어지고
바스락 바스락
노래하듯 낙엽밟는 소리
가을을 속삭이고 있다.

최수연

시인
중앙신학대학원 석사, 명지대학원 석사
대한민국국보문학 사무국장, 한국문학신문 중앙본부 기자
한국글로벌리더십 교육신문 발행인
한국글로벌리더십교육협회 대표, 한국글로벌평생교육원 대표
한국강사은행수석 부총재. 국제웃음치료협회 송파연수원 대표

허수아비

厚岩 송태한

비바람 가시그물에
옷이 긁히어 해져 날려도
팔 벌려 숨김없이
내 마음 죄다 보여주기
외발뿐인 발꿈치로 홀로 서서
별이 뜨고 해가 져도
혹여 쓰러지지 않기
한걸음도 절대 물러서지 말기
초록 벼이삭 금싸래기로 누울 때 까지
깡통풍경 연주하기
지푸라기뿐인 내 살점
땡볕에 터져 나오고
각목등뼈가 삭아 갈라져도 왼종일
네가 머무는 궁전 한 곳만 바라보며
칼 찬 장군처럼 지키고 서 있기

가을볕에 여윈 내 그림자
오직 너하나만을 위해
마른 십자가로 남을 때까지.

솟 대

동지섣달 홀로 넘긴
정월대보름 자정
달빛조명 내 몸을 감싸면
이윽고 허공에 오르리
사방십리 벌레와 들짐승
바람마저 잠든 적막강산
금줄 띠 두르고
찬 이슬 저으며 까마득히 떠오르리
소도(蘇塗) 마지막 정토(淨土)
곧은 장대 볏가릿대 끝에서
탑신제 향불 내음 밟으며
북두칠성 등대 삼아
나 기어이 하늘에 날아 오르리
올라가 엎드려 눈물 흘리며 고하리
핏빛 소원 한 줄 담긴
그을은 소지(燒紙) 한 장
얼음장같은 오리부리에 꼬옥 물고서.

시계(時計)

여자와 남자가
시공 안에서
스쳐 지나치기를 반복하고 있다

시침은 반짝이는 보석을 향하고
분침은 머나먼 꿈을 바라보며
저마다 바쁘게 도는데

바늘들이 인연으로 한 데 묶여
공유하는 순간이
너와 나의 추억이며

인간의 역사도
경각 속에서 면면이
짹각짹각 초침으로 빚은 유작이려니.

송태한

인하대학교 토목공학과 졸업
단국대학교 특수교육학과 졸업
월간 국보문학 시 부문 신인상 수상
월간 국보문학 회원
현)서울동천학교 재직 중
(사)대한민국국보문학협회 정회원

함덕에서

정성채

내가 왔다

너를 찾아서

미루고 미루다가

바람으로 왔다

밀리고 밀리다가

파도로 왔다.

시작(詩作), 시작(始作)

종일을 돌아다니다가 이 밤에야
낡아진 너의 시집 꺼내 읽는 건
자꾸만 궁금해져서

낮에 본 그 하늘
넌 무어라 부르나
오늘 걸은 길 이름
여기 어디 적혀 있나 해서

밤새 잠 못 이루다가 새벽땀에야
긴긴 시 하나 시작하는 건
이제는 알고 싶어져서

미루고 미뤄오던 속엣말은
무엇이었는지
지금껏 안고 다니던 네가
정말 너였는지를

길나서면 등 떠밀던 새파란 바람
눈만 감으면 수런수런
장다리꽃 피워내던 강
아 그것이 우리의 노래였는지

바람이 꽃을, 꽃들이 강을 향하듯
우리가 우리를 향해 설 수 있는지

이제는 알고 싶어져서
자꾸만 궁금해져서

정성채

아호 토담(土膽)
전남 광주 출생
광주서중일고(48회)
전남대 무역학과 졸
동국대 한의학과 졸
한의학박사
현) 동국대 한의과대학 겸임교수
현) 장자한의원 원장
현) 국보문학 정회원

동백꽃

용담 김충무

갈매기 울면서
외로이 떠나간
기암절벽
해초 무성한 바위틈

해송 몸부림치던
긴 겨울밤
뒤척이며 잠 못 이룬 채
여울 바다 바라보며
꿈을 먹는 여인들아

해풍 두들겨 맞어며
떨고 서 있는
곱디고운 얼굴들은
고된 역경 짊어지고 온
인고의 세월 따라

심혼 가득 교훈 안고
언제나 웃음 팔고 있는
여인들
산객들 찾아주니
외롭지는 않겠구나.

대장간

붉게 익어버린 태양은
터질 듯이 달구어진 채
이제
바닷속으로 잠들려 한다

노을빛
가슴속으로 밀려들면
칠흑 같은 바다엔
태양은 잠이 들며
이글거리기 시작하고

다가올 새날을 위해
깊은 상념에 빠져들면
하얀 별빛들은 서둘러
밤 바다를 거닐며
수채화 곱게 수놓을 때

대장장이 늙은이는
잉태한
새 생명을
출산 하려
신음하기 시작한다

운문사(雲門寺)

저무는 하늘
구름 밖 물소리 들려오는
솔바람 숲길 따라
노을 내려앉는 운문사엔
노비구니 염화의 미소
눈가에 걸려 있네

대웅전앞 처진 소나무는
막걸리에 발 담그고
고난의 역사속으로 길게 누운 채
늘어지게 자고 있는데

고사 뒤뜰 은행나무
산사에 흩어져 내리는
염불 소리 끌어안고
도솔천 뜨락에 졸고 있는
야 삼경 노스님의 독경소리

비운 悲運의 역사 데리고
운무 잠시 쉬어 가던 곳
호거산 기슭 운문사엔
화랑들 기세도 고무 鼓舞하게
세속오계 계율 지키는 소리가
저녁 종소리 따라 서천에 흩어질때

구름에 빠진 풍경 소리는
붓다의 미소문은 하늘 잡고서
걸망 멘 객승과
호거산 심심 深深 계곡 따라
운문사를 넘고 있다

김충무

경남 함양 출생
(사)부고원 행정윤리학 강사역임
농촌사랑 4-H 연합회 웅변 강사
유통업협회 회장 역임
정밀기계조립산학연합회 연구위원
월간 국보문학 회원 · 불교대학 수학 중
현) 공인중개사 · 주간 한국문학신문 울산시본부장

낙엽

소우주 정석현

울창한 가을 숲으로
오색빛 가을 그리움 마음속으로 그리다가
봄날 더 아름다운 그리움의 꽃을 피우기 위해
한 두잎 소복이 쌓여가는 그리움 속에
하루하루를 미소 속에서 보낸다

노란 은행잎 한잎
풀섶에 홀로 가을 노래를 부르며
찬란한 서광 빛따라
한 쌍의 아름다운 연인 손 맞잡고 희망의 꿈을 그리며
행복감에 젖어 걸어가는 모습이 정겨 웁고나

잡념은 가을 낙엽 따라 훗 날려 버리고
홀가분한 기분으로 겨울을 맞으며
새로운 마음
새로운 희망으로
새 봄날 아름다운 꽃 찬란하게 피어 보자구나!

해바라기 꽃

한없이 넓은 세상
수많은 사람들 중에
해바라기꽃 같은 마음으로 아름다운 당신을 바라보며
그리움이 묻어나는 가을 향기 속으로 빠져들어가고 싶다

언제 부터인가 그리운 정이 아쉬운 황혼길에
계절의 훈풍을 타고 아름다운 그대에게
달려가고 싶은 마음
긴 여정에 마지막 한 가닥 희망일지도 모른다

언젠간 우리 모두 훌훌히
그림자도 없이 사라져갈 몸 이지만
아직까지 체력이 남아 있을 때 아름다운 그대에게
아낌없이 정열을 불태우고 싶은 마음

오늘도 해바라기 꽃처럼 향긋한 당신을 바라보며
결실의 계절을 맛있게 씹으며
풍성한 가을의 맛에 취하고져
그리운 정에 사무쳐 먼 하늘을 바라본다.

산으로 가자

마음이 우울하고 심신이 피로할 때
우리 산으로 가자
산새들의 사랑노래 들으며
풀벌레 지저귐에 산소를 마음껏 들어 마시러 산으로 가자

산들 바람 맞으며
야생화의 향기
정겨웁게 풍기는
자연을 품에 안고져 산으로 가자

흙을 밟고 걸으며
숨 가쁘게 쉼 호흡 하노라면
폐가 즐거워 온몸에
땀 뻘뻘 흘린다.

정상에 올라
아름다운 여인과 담소를 나누니
초록빛 희열이 감도는 것을
진초록 푸른 초목 내 마음도 푸르러

정상 에서 바라본 시가지의 풍경 속에
땅과 건물이 전부 내 것이었는데
관리가 힘들어 다 남 주었다고 생각을 하면
더욱 마음이 편안한 것을

욕심 내지 말고
마음을 비우고 편안한 마음으로
건강을 챙기며
즐겁고 행복한 나날 만들어 가자구나!

정석현

경북 경산, 중앙대학 연영과 졸업
경산의회 3선의원, 의장 역임
평통 경산시 협의회 회장 역임
기관지 평통신문 통일의 시 게재, 영남문학 등단
새마을 포장, 석탑 산업훈장, 국민훈장 석류장
대통령 표창 및 공로장 5회
저서: 「본대로 느낀대로.생각대로」

백일 날 뒤집기

흠재 정병욱

으랏 챠 츠차 차차차

장모가 딸을 낳고
딸이 딸을
그 딸이 시집가서
딸을 낳은지 백일 되던 날
나의 외손녀가
생애 최초로 뒤집기를 한다

한번 두 번 세 번 네 번 왼쪽으로 뒤집으려 용을 쓰더니
뒤집고 두팔로 땅바닥을 짚고 고개들어 나를 쳐다·본다

할아버지
저
지금 지구를 들었어요

그려 용하다
이 세상에 나올 때

무슨 사명을 띠고 왔는지
너도 네 부모도 나도 모른다.
지금 뒤 집기한 것은
세상을 들었다 놓았다하는
힘과 용기임에 틀림없으니
커가면서 네 탄생의 비밀을 하나 하나
풀어보자꾸나

백일날
네 외할머니
그 외할미의 친정엄마
4대가 소꿉놀이터 같은 신혼 집에 모여 앉아
백일 잡이의 역사적 생애 최초 뒤집기 묘기
지구 들기에 박수를 보내고 있다

백일 잡이는 또 뒤집고 있다
으랏찻 챠 챠 차 차차차

2013.4. 27 백일 잔치를 마치고 흠재 관악산방에서

희망을 쏘다

세월의 화살이 시위를 떠나
우주로 비행한다

스님 저를 해탈케 해 주세요
왜 누가 묶었더냐. 묶인 몸을 갖고 오면
풀어주께

제 죄를 용서해 주세요
죄를 갖고 와봐라
그러면 용서해 주께

묶이지도 않은 몸 보이지도 않는 죄의
포로와 노예 노릇한 세월
나는 매일 해탈하여 죄없는 몸으로
우주를 향해
마음껏 유영한다.

희망의 세계가
봄비를 맞으며
내 맘 내 몸에 새싹을 틔운다.

가을 앓이

그리도 화가난 여름
폭풍 해일 쓰나미
온 지구가 떠 내려 갈 듯

가을만 와봐라
그 화난 여름을
다스릴 수 있는 것은
가을 밖에 없더라

나의 가을 나무
나이테가 또 하나 영글면서
옷을 벗는다
스트립쇼 배우처럼
한 꺼풀씩 벗어 내린
나의 나뭇잎 가을

관악산 꼭대기에
흩날린 눈보라가 비치며
저 멀리 겨울이 성큼 성큼
큰 걸음으로 다가 오네

화난 여름 보내는 길목에
내 가을은 덤으로
가버리네

나의 빠른 나이테가 아프다

정병욱

경주출생 육사졸업, 경남대 북한대학원 졸업
외교부 재외동포재단 국제교류부장
대한민국 재향군인회 해외사업단 부단장
영종뉴스 자문위원 한반도 미래재단 자문위원
미래행복포럼 조직위원장 / 사무부총장
관악실버케어 공동대표 / 사회복지사
松柏(송백)동인 부회장
(사)대한민국국보문학협회 서울시 지회장

봄 날이었다

강도헌

강고한 바람이 불던 그 날에는
그녀와의 마지막 가을밤을 보냈다
먼 발걸음을 하였는지
끝인사는 나에게 작은
거울을 남기고 멀어지는 시선은
잊혀지지 않는다
어느새 첫눈이 내리면서
고드름 속에 들고 있는 손은 너무나 시렸다

언덕을 넘어
뿌리치며 사르르 사라진
그녀가 문뜩 떠올라

세월이 지난 지금
계절이 세 번 바뀌었다
여름철 반딧불처럼
영역을 포기 하였는데

가시 없는 장미를 보며
그리움을 달래든 날

뜨거운 가슴을 멈추면서
얼음장을 곁에 놓고 싶었은데
파르르 떨고 있는 서로의 눈

사람을 만나면서
사람은 그 추억을 먹는다.

잊힌 얼굴

산뜻한 내음이 밀려오는 하루
어쩌면 알고 있을지 모르는 그대를
괜히 피하는 느낌이 든다

어쩌란 말인가?

윤동주의 서시를 읽으면서
베일에 가린 별이
구름 위에 지나가는 기분으로
말 할 수 없는 기운을 남긴다

내일 아침에
살며시 비추는 햇살이
너의 얼굴이었으면
나는 그대를 꼭 잡을 것이네.

자유를 떠나는 길목에서

어귀에 도달한 가을은
가련한 남자의 계절이 왔다

들국화 피어있는 야생화 꽃
가을이란 시간을 보답 하네

여기서 야생화
저기서 야생화
길 따라 걸어가는 전시회 추풍을 본다

인사를 하며 전해주는
가물거리는 기둥의 흙빛 색상 하나는
나를 새롭게 만들어 간다

이것도 관습
저것도 관습

푸른 하늘 구름은 지나가고
놀래며 뚜벅뚜벅 걸어가는
우레 같은 엄마 목소리
그래,
너는 잘되어야 한다.

높은 것은 하늘인데
가을이 내리는 소리 하나는
소나무와 같아라.

강도헌

부산출생
갈렌피겐문예대학 현대시 창작 수강중
여시골문학 운영위원
2013년 여름 전역

시(詩)

이천도

시가 무언지요
나무가 물었다
아무도 모르는 것
바람이 답했다
구름이 흘러간다

시인은 어쩌구요
나무가 물었다
시를 모르니 시인이지
바람이 답했다
강물이 너울댄다

시를 모르는데 시인이라뇨
나무가 물었다
시를 알면 시인이 왜 필요해
바람이 답했다
풀꽃이 싱긋 웃는다

그냥 웃지요

그냥 웃지요
누가 날 바보라고 놀리면
헤헤, 호호, 이러면서 웃지요

그냥 웃지요
누가 날 순진하다 말하면
끄덕, 끄덕, 이러면서 웃지요

그냥 웃지요
누가 날 못난이라 깔보면
키득, 키득, 이러면서 웃지요

그냥 웃지요
누가 날 철없다고 탓하면
맞아, 맞아, 이러면서 웃지요

그냥 웃지요
누가 날 속없다고 흉보면
으응, 으응, 이러면서 웃지요

로댕

옥상 위 의자
한 사내가 앉았다

러닝셔츠 때 얼룩
트레이닝 바지 후줄근

고개를 숙이고
손가락 틈 담배 하나 꽂혔다

로댕, 생각하는 사람
21세기 고뇌하는 초상

등 뒤 옥탑방
머리 위 빨랫줄

봄바람의 등쌀
팬티 한 장 춤을 춘다

이천도

1970년 전북 임실 출생
월간 국보문학 시 부문 신인상 수상
국민대 법학과 졸업
증권회사 근무
월간 국보문학 회원
(사)대한민국국보문학협회 정회원

시 | 넷

· 김선영 | 첫 시집 표지 외

· 정다운 | 몰래 감춘 마음 외

· 박진광 | 소년 외

· 김성훈 | 발로본 바다 외

· 장호걸 | 가을비 외

· 이영순 | 모르겠습니다 외

· 정다겸 | 함께하고 싶은 사람 외

· 박승대 | 공수래공수거 외

· 이성미 | 그대 달을 보다 외

· 이길옥 | 사랑의 변천

첫 시집 표지

김선영

하늘은 제일 큰 칠판
푸르고 넓다
지우개는 제일 큰 바람
분필은 제일 큰 하얀 구름
하늘에다 무얼 그려볼까
내 첫 시집 표지를 어떻게 꾸며야 예쁠까
지금은 마음대로 꾸며도 되겠지
이것저것 골라가며 그려본다
바람으로 지우고 또 그려보고
기념으로 영원히 남기고 싶은데
오늘도 정성을 다해 그려보는 표지
표지보다 시 퇴고에 더 신경쓰라며
바람이 말없이 지우고 가네

분(憤)분(盆)

분(憤)해도 참아야 해 참아봐 참아 봐봐
얼마나 참아야 하는데?
글쎄 참아 봐
넌 참을 수 있어
참음은 곧 지혜와 연결되니
침 한번 꿀꺽 삼키고 참아봐
얼마나 참아야 하는데?
마음을 잘 다스려봐
그래도 무조건 참으면 되는 게 어디 있어?
글쎄 참아봐 참으면 돼
참으면서 숨을 크게 쉬어봐
여태까지 참았는데 이젠 더 이상 못 참아!
한번만 더 참아 봐 응응
참으면 돼 정말?
그래 그래 참아
오늘 아침 전화 한 통
분(盆)에서 삼년을 참았다 꽃피우는
저 한란(韓蘭)처럼.

시낭송회에 가다
문학관 정기 시낭송회에 부쳐

따사로운 가을 햇살과
상쾌한 마음을 가방에 주섬주섬 담아
시낭송회 장소로 달려간다
시인이 되고 싶어 남몰래 키워오던 꿈
오늘은 학생이 되어
흥분된 마음으로 시낭송회에 간다

내가 간 과거 속에서 그리움을 찾아주고
새로운 용기와 희망이 있음을 가르쳐준 시낭송회
글 쓰는 일이 대화를 하는 것과 마찬가지임을
시는 내 마음의 아픔과 슬픔도 덜어준다는 것을
사랑하는 것이 사랑받는 것임을 가르쳐 주었다

문학은 배고픔을 넘어서는 것임을
정신은 육신 위에 군림한다는 것을
진정한 문학은 나를 위하고
나만의 것을 숭상한다는 것을

시조향기

삼 장에 육 구라네
열두 절 좋을시고
초장에 기선 잡고
중장에 살맛 풍겨
종장은 입맛 다시게
찰진 말을 넣어보세

그대 향기 너무 좋아
마음으로 안았는데
그대 몸에 내 살 섞기
너무너무 어렵다네
어르고 달래보아도
마음만 타는구나

김선영

경기도 남양주시 출생
고려대학교 평생교육원 시창작과정 수료
한국스토리문학 시 부문 신인상 수상
월간 국보문학 수필부문 신인상 수상
(사)대한민국국보문학협회 남양주시 지부장
한국스토리문인협회 운영위원, 문학공원 동인
동인지 : 「돌아온 소」「모순된 말씀」「하늘 포목점」

몰래 감춘 마음

은향 정다운

살아온 날들 뒤 돌아보니
내 나이 몇인가
인생의 긴 여정에서 청춘은 흘러 보내고
이제 40대 후반 세월을 타고 나오는
검은 머리 하나 둘 흰 눈이 되어 쌓여간다.

울 엄마도 내 나이 때는 없으셨던 흰머리
난 벌써 시름에 젖어 살고
보일 듯 말듯 하나 둘 생길 때는
딸아이 불러 뽑아 달라고 했지만
우후준순처럼 생기는 것은 어쩔 수 없는 일

거울 앞에 앉아 하나도 남김없이
다 뽑아 버릴 것처럼 토끼 눈을 뜨고
흰머리를 노려보며 족집게로 확 낚아채면
그럼 왜 그 뽑힌 세월만큼 마음이 아픈지
투덜대는 내 모습이 초라하다.

겉모습만 감추려 한다고
한줌이나 뽑힌 삶이 한숨 지며
이제 더 이상 인생의 쓴맛을
감출 수 없어 곱게 물들이고
화려하게 치장해 보지만
예전의 꽃 같은 시절로 돌아갈 수도 없는 일.

아버지 뒷모습

어머니 하늘나라 가신 뒤 홀로 되어
서러운 세월을 삼키시는 아버지
어머니 생각에 잠 못 이루시고
마음에 병이 되어 입맛을 잃은 지 두해
방한구석엔 약봉지가 한바구니
위장약, 정신신경과약, 수면제 등

예전엔 친구들과 어울리기 좋아하셔
집에 일찍 들어오시는 날은 드물었는데
주인 없는 가구들만 자리를 지키고
어머니 없이도 아무 일 없이
잘 사실 줄 알았건만 힘이 없는 모습
당신이 못해준 것만 생각나 후회만 된다고

옛날 가난이 가져다 준 어머니 구부러진 손가락
한푼 두푼 절약해서 억척같은 살림솜씨
그 시장바구니에 깃든 사랑
흔적으로 남긴 자식 넷 뒷바라지
부부라는 이름으로 때로는 원수 같은 정을
지긋지긋하게 쌓아 가면서도
미우나 고우나 늘 아버지 밥상을 차려 주시던 어머니

늘 가부장적 잔소리꾼 아버지
축 처진 어깨 넘어 웅어리진 삶
어머니 빈자리 그 무엇으로 채울 수 없어
세상 살기를 거부하는 슬픔에 잠겨
그 당당한 모습은 볼 수 없네
이제 어머니 유품을 그리움으로 태우시는 아버지

시어머님 사랑

며느리는 저 혼자인데
철없고 부족한 것도 많은 막내며느리
늘 넓은 마음으로 감싸 주시는 어머니
아들은 셋인데 막내자식이 찾아오는 날이면
반가운 마음에 며느리를 딸처럼 생각하시며
만나면 그렇게도 할 말이 많으신지
그중 장가 못간 자식 걱정하며
늘 이런 저런 이야기꽃을 피웠지요.

때로는 어머니 고된 시집살이
꽃다운 나이 활달하고 웃음이 많던
자신의 힘든 모습은 감추고
무조건 순종하고 살아야 했던 시절
얼룩진 삶의 아픔도 격이 없이
눈물을 보이시며 하소연도 하셨지요.

그 시절은 누구나 겪는 일이라고
옛말에 귀머거리3년, 벙어리3년, 장님3년으로
여자는 시집가면 출가외인이기에
다 참고 인내하며 살아야 했다고
시대는 많이 변했지만 여자의 일생은
가족을 위한 희생의 꽃으로 피워야
가정의 평화가 온다는 것을 새삼 더 깨달았지요.

정다운

국보문학 시 · 수필 등단
국보문학경기도지회장
한국문인협회회원
한국수필가협회회원
시와수상문학사무국장
서울시인대학홍보이사
수원갈비스토리 대표

소년

춘파(春坡) 박진광

꿈의
장대비 끝내
십 원 한 닢 토한다

읍내 십오 리
오 리를 더해야 중학교
걸어서 시간 반

수업시간 내내
한 닢 위대함에
무지갯빛 꿈 영글고

콧노래 하굣길에도
그 꿈 도망갈까
다섯 가죽 끈으로 묶어 호주머니 깊숙이

묶여서 땀내니
꿈의 상징 십 원 오직 두 자
뭉개지면 어쩌나 두려워

급한 척 길가 풀숲 뛰어들어
고개 숙였다 어깨 떨며
안도하고 미소하며

다다른 곳
읍내 차부 옆 양과점(洋菓店) '부레옥'
큰 도박을 결심하고

쇼윈도 양과
침 삼키며 다 헤아리고
몸 일으키는 데

야아, 학생!
비싸서 너는 못 먹어!

화들짝 놀란 뒷걸음에
여학생과 부딪치고 내달린다
모퉁이를 돌아 반대 방향으로
멀리 오래

한 참후
후미진 뒷골목으로 되돌아 와
완행버스 뒷문으로
잽싸게 몸을 싣는다
맨 뒷자리에

그칠 줄 모르는 장대비
못 본 척 아무 말 안하니
덩달아 태연한 체 차창 밖
장대비만 응시하던 그때 그 학생은 누구인가?

쌍둥이

무시로
생각나서 생각하고
생각하여 생각하니
사랑인가

언제나
사랑으로 사랑하고
사랑하여 사랑하니
생각인가

생각하여 사랑하고
사랑하여 생각하니
생각은 사랑이고
사랑은 생각이니

사랑 생각
생각 사랑
일란성 쌍둥이

상사화(相思花)

잎 새 마다
연두 빛 꿈 부풀던
봄, 봄날들
붉은 꽃은 아직 오지 않았고

붉은 사랑 애 터지던
숱한 여름날
부푼 연두 빛 잎 새는
이미 가고 없었다

한 줄기에 나고도
때 모르니
오가는 날 달라도
가는 곳 한 뿌리

얼마면 될까
언제면 알까
이루지 못한 꿈
영원한 희망

수줍어 못한 말
두 얼굴에 번진다
연두 빛으로 사랑해요!
붉게 영원히…

박진광

아호 춘파(春坡), 경남통영 출생
한자 · 한문 전문지도사 공인훈장
『문예춘추』 시부문 등단
한국문예춘추문인협회 이사

바다의 노숙자

김성훈

파도와 술 한 잔 하다
술 취한 나는
파도 품에 안기어 잠들고

파도는
나를 보듬어 안고
바다에서 그대로 노숙한다

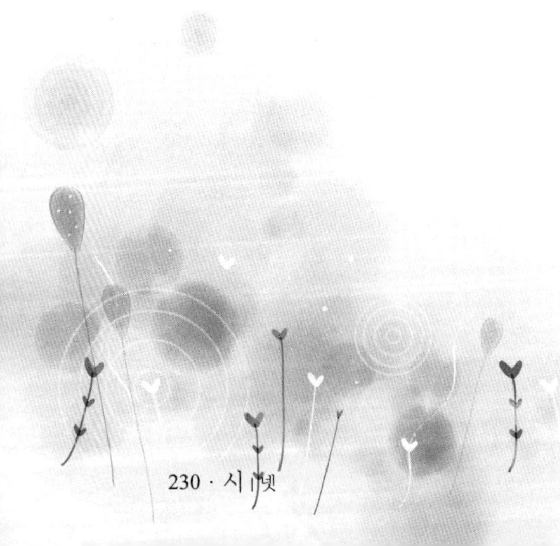

발로 본 바다

바다 따라 걸으며
바다를 본다
발로 바다를 보았다

눈으로 보던 바다
머리에 담기더니
발로 본 바다
마음에 담긴다

푸르고 너른 바다
눈으로는 금방 보았는데
발로는 한참 보고 보아도
끝이 아직이다

끝까지 발로 본 바다
발은 힘들어도
마음은 퍽 많이 좋다고

바다가 들어있는 마음
나도 너무나도 좋아
마음 속 바다로 빠져버린다

바다에 오면

바다에 오면

섬 있고
파도 있고
등대 있고

그리고
시 쓰시는
우리 선생님 계셔서 좋다

친구와 이야기

어린 시절 친구
앞으로 함께 할 시간 많다고
이야기 나누지 않았다
오늘 아니어도
내일 이야기하면 된다 생각하고

오랜 시절 함께 한 친구
앞으로 함께 할 시간 적은데
할 이야기가 없다
오늘 아니어도
지금까지 나눈 이야기 많은 것 같아

추남(秋男)

지나간 무더운 여름
아쉬워하지 않으니
가을 남자 맞다

다가올 매서운 겨울
반갑다 하지 않으니
가을 남자 분명 맞다

가을 바람 좋다며
역마살 끌어 안고
가을 여기 저기 기웃거리고

못생긴 것 재산으로
자신있게 살아가니
멋진 가을의
멋진 가을 남자 맞다

철길의 외도

달리는 바퀴와 하나 되고 싶어
녹슬지도 못한체
그 자리 그대로 기다림으로
하루에도 수십 수백 만났다 헤어지지만

평생 소박맞은 계집처럼
옆구리 시리다 못해 뻘겋게 녹 슬었어도
달리는 열차 바퀴 잠시 잠깐 외도인가
몸 만 부딪혀 준체 마음은 주지않고 떠나가고

일편단심 지조 대단하지만
끝도 없이 기다림의 인생
몸 부딪치는 사랑만
시린 옆구리는 시린 운명 되어 붉은 꽃 피운다

김성훈

2011년 월간 「문학세계」 시인 등단
2011년 서울 지하철 스크린 도어 시 선정 〈어린 송아지〉
현 카톨릭문인협회 노원문인협회 세계문인회 국보문학 정회원
동인지 「하늘비 산방」
계간지 「시와늪」

가을비

장호걸

가을비가 오네,
난 이 비에 감사를 느껴야 해
영이 행복해하던 그때로
나를 불러들이곤 해
영이 집착했던 종교이야기도
즐겨 불러주던 찬송가도
가끔 생각이 나
이렇게 지나가는 가을비
한 방울 두 방울 이 가을에 물들이듯
당신처럼 물들이고 만다
세월은 흐르고 그동안 인정하기 싫었던
영의 집착이나 지루한 찬송가가
휴식이고 위로였던 것을

고향

푸른 잎을 매달고
엽서 같은 고향이 가득 고인다
하기야 그 흔한 안부조차
한 번 살펴봤던가,
그래도 불쑥 고향을 찾아와도
들녘에 영글어 가는 오곡백과처럼
대접을 받았다
그저 마음 사이로 흐르는
참 많은 정겨움이
바로 고향이라는 것을,
아는 얼간이가
그래도 욕심이 많아
속절없이 쳐들어오는 가을
혼자 음미해 보는
한가로움을,

용역사무실

새벽은 백태 낀 것처럼 갑갑하다
덩달아 용역사무실 불빛도 자꾸만 가물거린다
한 시절을 봄날이었다는 김씨, 이씨, 박씨
오랜만에 아파트 공사현장과
지하철 공사현장에서 시든 조각의 꿈들을 풀었다
모처럼 일감을 얻은 임씨도 한마디 거든다
울화처럼, 텅텅거리며 살았지,
그의 이력이 익어 가고
달도 차면 기우나니 콧노래 가락이
창문을 넘어 수북한 봄을 재촉하는 눈치다
용역 사무실에 아직 몇몇은
신문 사회면처럼 소파에 쌓여 있다
속절없이 쳐들어오는 또 하루의 일상은
몇은 소장과 동양화 놀이하고
몇은 술과 함께 공(空) 놀이하는 틈으로
슬며시 겨울의 햇살 한점 다가왔다

장호걸

경북영주 태생, 한울문학및 아람문학등단
모던포엠 시와사상
창작과의식 회원, 월간 국보문학 회원
동그라미 문학카페 운영

모르겠습니다.

이영순

모르겠습니다
얼마나 내 마음을 열고 살았는지

모르겠습니다
어떤 때 내 마음을 열기나 했는지

내 마음을
혹여 너무 열지 않아
지쳐서 돌아선 사람이 있는지

아니면 혹여 너무 일찍 열어서
놀라는 사람이 있었는지

혹여 너무 많이 열어서
나 자신이 지쳐 버린 건지

모르겠습니다
사랑과 친구 관계 모든 것이 다
꿰다가만 구슬 같습니다

단지 내가 알 수 있는 건
나는 사랑하고 싶고 행복하고 싶었는데

그리고 가끔 나를 아껴주는
마음이 넓은 사람을 만나고 싶었는데

모르겠습니다
기도로도 채워지지 않을 때는
나는 어떤 마음으로 살아야 할지

모르겠습니다
아마도 죽음에 이르는 날에나
그 모든 마음의 수수께끼를 알게 될는지요.

식은 찻잔

놓지 못한 식은 찻잔 속에
살며시 내 모습이 비추인다

그냥 버리기 아까워
서늘하게 식은 찻잔 속에
흔들리는 또 다른 모습이 비추인다

식은 찻잔에 무슨 집착이랴
확 버리던 훌훌 마셔버리면 될 걸

세월의 언저리에서
쓸데없는 것 놓지 못해
바보같이 버둥대는 삶의 모습 같아

울지 마라

울지 마라
세상에 설명할 수 없는
수많은 아픔들이 살아간단다

돌아갈 수 없기에
더욱 안타깝고
만날 수 없기에 더욱 그리운 것이거늘……

돌보다 단단한 게
돌아서 버린 인간의 마음인 걸

울지 마라
다시는 못 만나는
이별과 아픔이 부지기수인데

울지 마라
다시는 사랑 앞에
무릎도 꿇지 말고
스치는 인연 속에
가슴도 주지 마라

울지 마라
그립고 아쉬워도 어찌하랴
그것이 인생이고 아픔인 걸

모자란 생각 다듬고 달래서
아름다운 추억의 꽃으로 가꾸며 살자.

하늘은

가끔 하늘을 볼 때면
당신의 얼굴이 보입니다

미소 띈 당신의 모습이
고운 뭉게구름 속에 보입니다

평상시 잊었던 이야기들로
온통 내 가슴 설레게 속삭입니다

봄부터 겨울까지
숱한 이야기를 비벼서
하늘의 뭉게구름 사이로
내 필름을 바삐도 풀어 줍니다

집착도 미움도 없는
가장 평화롭고
가장 황홀하게
하늘의 사랑을 속삭여 줍니다.

깻잎

산모퉁이 남의 땅에
깻잎을 심어 놓고 좋아하며
한 움큼 따주던 곱던 마음에
한 이파리도 아까워 소중하게 먹었네

그 마음에 이끌려
고운 정 키워 왔는데

부자가 된 그 친구
깻잎 파리 고운 마음
멀어진지 오래련만

지금도 깻잎만 보면
그때 아름다운 우정이
가을 풍경 속에 아쉬워진다

부자 된 그 친구
축복해 줘야 되는데
가끔 깻잎만 보면 야속해지는
이 마음이 가을바람처럼 쓸쓸하다.

내려놓게 하소서

허기 진 심장에 먼지가 끼어
갖지 못할 것을 욕심내지 않게 하소서

혹여 갖지 못해 아쉬움 있어도
내려놓는 아름다운 마음을 주소서

스치고 지나는
당신과의 인연 속에도
함께 가지 못한 길이라고
정 때문에 울지 않게 하소서

사진으로 남는 건 없지만
우리들 가슴엔 함께 걷던 아름다운 길이 있고

함께 놀던 장소들이
아름다운 기억으로 소중히
보물처럼 간직하고 있잖소

인생을 함께 보고 함께 걸어가면
오죽이나 좋고 더할 나위 없겠지만
사람들의 가슴이 어찌 잔잔하기만 하겠소

지난날의 마음과 지금의 마음이
같을 수 없듯이 우리들 세상 영원한 게 어디겠소

지우려 해도 지워지지 않을 땐
그것이 추억이니 다듬어 살아야죠

이젠 아팠던 기억이라 하지 않겠소
삶에 있어 인연의 크나큰 선물이라 말하고 싶소.

이영순

현) 한국문인협회 회원
현) 한국인문학 이사, 현) 문예춘추문학 이사
현) (사)대한민국국보문학협회 부회장
개인저서 : 시집(민들레 홀씨되어),(시는 인연의 놀음)
개인저서 : 수필집(李榮順에세이)
수상 :서울 스포츠 신문 2011년 (문학대상)
문예예술문학, 작가상. 문학대상
한국문학 비평가협회 수필 작가상
문예춘추 세익스피어 문학대상

함께하고 싶은 사람

泉玗 정다겸

바라보지 않아도
먼저 인사하고
손 내미는 당신은
정말 멋진 사람입니다

비 샤워를 하고
머리카락이 흩날려도
웃고 있는 당신은
정말 행복한 사람입니다

고운 언어로
아름다운 몸짓으로
세상과 소통하는 당신은
정말 닮고 싶은 사람입니다

하나를 드리자 하면 둘을
둘을 드리자하면 그 곱을
성심을 다하는 당신은
정말 훌륭한 사람입니다

사랑스런 눈빛과 입술
따뜻한 마음과 손길을
이웃과 나누는 당신은
정말 함께하고 싶은 사람입니다.

파란 하늘

가슴이 답답할 때
파란 하늘을 본다

괴롭고 슬플 때
하늘은 위로가 된다

허전하고 우울할 때
고개 들어 너를 본다

외롭고 쓸쓸할 때도
넌 나의 좋은 벗

아픈 마음 흐를 때
눈물 씻어 파란 하늘 되었지

힘들고 짜증날 때
파란 하늘을 본다

아! 나의 고통까지
삼키는구나.

가을속으로

가을바람 쉬어가고
고운햇살 머무르니
길가던 나그네
마음 붙들렸네

코스모스 수줍은 듯
발그레 피어나고
들국화도 청초한
미소로 반겨주니

바람 따라 향기 따라
형형색색 잠시나마
흠뻑 취해봄세.

정다겸
시인
국보문학 신인상수상
서울시인대학 홍보대사
(사)대한민국국보문학협회 정회원
한국강사문인협회 이사, 경기문학포럼 부회장
스마트평생교육원 겸임교수, 다겸웃음심리연구소 소장
동인지: 『내 마음의 숲』

들국화

無心 박승대

임 떠난
동구 밖에
발돋움한 여인

내비치는
젖가슴엔
시리도록 파란 하늘

평생 담고만 있다
그리움이란 멍울로 남은
사랑한다는 말을

더 이상 담을 가슴 없어
더 이상 머뭇거릴 계절도 없어
더 이상 벼를 세월도 없어

그대의 무심, 행여 잡을까
찬 서리 마다 않고
멍울 터뜨려 발돋움 서있네.

그리움

선잠 깨운 단풍잎 하나
창문에 붙어있네

좋은 소식 있을까
두근두근

연분홍 엽서 한 장
날아들까 쫑긋

쪽빛 보다 깊은 하늘
그대 향한 마음

세월이 늘어져도
닳지 않는 그리움

그만 지우려 애를 쓰지만
그것도 추억인가

닿을 수 없는 그리움
가슴에 묻고

찻잔에 한가득 그대를 담아
창 넘어 삭일까 보네.

공수래공수거

겨울채비 바쁜 날
후드득 소리
놀란 토끼 눈을 해가지고
온 산을 헤맸다.

도토리, 알밤을 놓고
다람쥐와 청설모 다투는 틈에
참나무 둥치에서
사슴벌레 한 쌍이 유희를 한다.

그 옛날을 추억하다
양손에 한 놈씩 집어든 사슴벌레
죽을 땐 죽더라도
제 몸보다 긴 뿔로 악을 쓰며 대든다.

한 짐 메고 재촉하는 하산 길
날 잡아 뭐하냐고
겨울 식량 내놓으라고
사슴벌레, 청설모 난리를 친다.

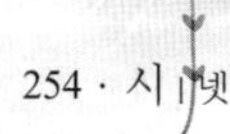

빈 자루 걸머진 호젓한 오솔길
스산한 늦바람 등 떠미는데
놀란 늙은 고라니 줄행랑치다
뭔 미련이 남았을까 뒤 돌아본다.

천수답 빈들에 하릴없는 허수아비
오를 땐 두 팔 벌려 환영하더니
이삭 줍는 참새들과 희죽거리며
내 꼴이 우스운지 외면을 한다.

박승대

서울시 서기관 퇴직
녹조 근정훈장, 대통령표창 등 15회 수상
월간 국보문학 수필부문 신인상 수상
월간 국보문학 회원
(사)대한민국국보문학협회 정회원

그대 달을 보다

雲海 이 성미

깊은 밤 그대 향한
내 짐짓 그리움에
옷섶을 매무시며
하늘 깃이 활짝 펼쳐
그 혜안 慧眼보름달 되어
중천에 둥실 떴네

눈 감아 꼭 쥔 손목
설레다 엉키어서
손톱을 후벼 파며
행여 오실 마중 길에
맨발로 두 손 받잡아
별빛 뿌려 문을 열고.

마디숨 얼비치는
하현달 질 때까지
덤으로 남은 체취
오래 두고 맡고 싶어
시공時空을 끌어당겨서
그대달만 보라 하네.

사랑의 징표

혼수昏睡에 취한 간밤
운해雲海를 덮고 가던
발자국 뒤따라
외로움을 재고 있다.

지금의 보고 싶은 궁상窮狀
누구 향한 옹알인가
외짝가슴 문질러서
묻어둔 지난 세월

사랑이 목말라도
한 줌 짚불 못 지피고
뒤늦게 피 토한 생명
이 시간을 쓰담 는다.

마지막 발버둥
저 달에
의지하며 절절히
포갠 정
천공 속에 띄워 놓고

이승의
한 모퉁이에
사랑징표 찍어본다.

호박꽃 사랑

꽃 아닌 꽃이라고
비웃음 쏟아지고
잎처럼 꽃잎 넓다

조롱마저 견뎌내도
꽃향기
뿜지 못한 죄
여한조차 없겠어요.

박색 薄色을 타박한들
생김부터 그런 것을
풍성한 꽃가루에
한번 준정 어쩌려고

애호박
달고 핀 화신花身
생색내지 않을래요.

참사랑 넝쿨처럼
한없이 뻗어나서
고운임 손짓하여
삼간 지붕 걸터앉아

보는 이
부러움 사서
둥글게 살찔래요.

이성미

국제펜클럽 한국본부 (경기회원), 한국문인협회 (회원), 남양주시인협회 (회장), 한맥문학가협회 (부회장), 한국서정문인협회 (부회장), 한국작가회 (회원), 경기도 신인문학상, 한국서정문인협회 문학 대상
저서: 「별처럼 햇님처럼」 1집, 「별처럼 햇님처럼」 2집, 「마지막 한잎 사랑」 3집, 「사랑 그리고 그리움」 4집

사랑의 변천

돌샘 이길옥

40여 년 전쯤
그러니까 내가 장가들 나이 때
그때 사랑은
춘향이 사랑이었다.

일편단심 민들레 사랑이었다.

죽기 아니면 까무러지기의
끝도 갓도 없는 무데뽀 사랑이었다.

하늘을 덮어쓰고
바다에 풍덩 몸 던지는 사랑이었다.

40여 년이 지난 오늘
그러니까 강산이 네 번이나 바뀐 오늘의 사랑은
실바람에도 가볍게 몸 뒤집는
이파리들의 사랑임을 알았다.

사랑 바꾸기를 취미로 가지고 노는
그래서 뻔뻔한
배 터지게 욕 얻어먹고도
눈 하나 깜짝 않는 철면피 사랑.

붙었다 떼어내는
손톱 면적의 일회용 반창고 사랑임을
금방 뜨겁게 타올랐다가
금방 고개 꺾는 성냥불 사랑임을 알았다.

양심의 밖

굽어 있다는 것은 정상이 아니라는 뜻이다.
정상이 아니어서 덧나고
싱싱함 버리고 흐물흐물 상하여 물러 터진다.
눈치 밖에서
감정 억제의 사슬을 풀고
달라붙어 흠집 낼 물컹한 취약점을 찾아 파고들어
더욱 휘어지며 시커멓게 먹물 든다.
시커멓게 먹물 든 양심을
무엇이 바른길에서 양심을 집어냈는가.
버림받은 양심의 희디흰 이빨이
한참을 씹다 버린 긍휼(矜恤) 한 덩이를 깔고 앉아
심성이 고약해지고 있다.
생각의 방향을 거꾸로 돌리며 헤헤 웃고 있다.
굽는다는 것은 정도를 벗어나는 것이다.
적당히 굽어야 쓸모를 찾을 것인데
너무 꺾여 쓸데없어 버려지는 양심들이
대낮에도 떳떳하게 기 세워
벌겋게 약 올라 있다.
말세가 코앞이다.

사는 일

질기다 하고
모질다 하는데
눈 깜짝할 사이에
이승과 저승이 갈라지데요.
아주 금방.
찰나이데요.

팍팍하다 하고
고추처럼 맵다 하는데
순식간에
번쩍
짧은 빛 내림 속에서도
꿈이 둥지를 틀데요.

저승까지 갈 것 없이
발길 돌려
꿈의 둥지에 잠깐 쉬며
환한 등 하나 밝혀두면
꿈이 익을까요?

구겨진 삶이 주름을 펴고
주름의 사이에 기생하던
모질고 팍팍한 세월의 찌꺼기
둘러맨 악취
모두 빨고 나면
좀 개운해질까요?
사는 일이.

이길옥

통일생활 신춘문예 시부 당선(74), 교육자료 시 3회 추천 완료(75), 자유문예(06), 만다라문학(08), 대한문학세계(08), 서정문학(09), 월간문학세계(09) 시 부문 등단.
한국문인협회, 광주문인협회, 광주시인협회, 아시아 서석문학회 부회장.
자유문예 작가회 이사, 월간문학세계 문인회, 서정문학회, 대한문인협회, 大韓民國 詩書文學, 시와 수상문학 정회원
대한 문학세계 창작문학예술인상 대상 수상, 한국문학신문 시 부문 대상 수상, 한국문학정신 광주 비엔날레 시화전 대상 수상, 아시아 서석문학상 수상, 광주문학상, 설록차 문학상.
한국을 빛내는 작가들(좋은문학 간), 현대시를 대표하는 특선 시인선(창작문학예술인협회 간), 한국을 빛낸 문인(월간 문학세계), 한국의 대표 서정시선(서정문학사) 작품 수록
저서 – 시집 '하늘에서 온 편지(2007)' '물도 운다(2011)' 외 공저 다수
한국시 대사전(이제이피북), 광주 · 전남문학 통사 등재
2011년 문화예술육성 지원사업기금 수혜 받음

· 송경태 | 강동 샘 외

· 송귀영 | 해돋이 외

· 박규해 | 고향별곡(1) 외

· 장명철 | 손자 사랑 외

· 서갑준 | 가을 외

· 채현병 | 어리연꽃 외

· 정태은 | 한가위 보름달 외

· 윤영석 | 반가운 소식 외(시)

국보문학

송경태

강동 샘
깊이 파고
맑은 물을 쏟아내니

임수홍
님의 손길
안 미친 곳 전혀 없어

푸르른
문향의 계절
묵향기도 춤을 추네.

길목

하늘이
정한 길목
이제서야
보았나니

인생의
칠십 년을
손자 놈이 다 먹었었고

자식이
아픔인 것을
나만 몰라 아팠네.

푼수의 노래

당신이
너무 좋아
내 자랑하고 싶어

부끄럼
밥 먹듯이
푼수가 따로 없네

오늘도
푼수의 노래
부르고만 싶어라.

신혼

모자람
채우려면
지치기도 하겠지요

때로는
사랑 미워
눈물 다툼 있겠지요

별 하나
별 둘 나 별 셋
눈을 감고 세보세요.

엿장수

물 없어 가뭄이고
물 넘쳐 홍수라니

돈 없어 가난이고
돈 넘쳐 놀부라니

물방울
세월 돌아서
인생사를 휘젓네.

숨은 진리

잘한 일
애쓴 일이
온 식구
힘들었고

좋은 일
옳은 일이
친구를 아파했고

오호라
인생의 진리
어느 길에
숨었나.

숨은 진리

양지꽃
다시 피고
뻐꾹새
다시 찾고

하늘을
보노라니
진리는
배부른데

나만이
허기진 배를
움켜쥐고
서 있나.

노년의 행복

손자 놈
사진 한 컷
봄꽃 타고 날아오면

적적한
두 늙은이
이야기꽃 엮어서

이 한밤
꽃 이불 위에
밤새껏 걸어둘까.

고요한 아픔

세월이
숨긴 아픔
초승달이
담아내니

고요함도
노래되어
풀벌레가
시를 읊네

인생의
고요한 아픔
한 묶음씩 엮어서

꽃잎 편지

그믐달
외로워도
밝은 빛 지니고서

행복함
꽃잎 담아
하늘에 보내라고

인생의
눈물자국에
꽃씨들을 풀어주네.

낙조

가늠 못할 세월 낚아
시조방에 널어놓고

풍상의 우여곡절
님과 함께 펼쳐보니

어제 본 서해낙조가
그 속에 걸려있네.

디딤돌

돌아서 머물다가
쉼 없이 가는 세월

내 갈길 더듬어서
디딤돌 놓습니다

똑바로
걷고 싶어서
넘어지지 말자며.

송경태
서울 출생
월간 국보문학 수필부문 신인상 수상
국보문예창작대학원 재학 中
명성교회 집사
(사)대한민국국보문학협회 운영이사
현) 요식업 자영

해돋이

宋 貴 永

천선天旋의 새벽별이 서쪽에 턱을 괴고

방심의 빛이 사려
먼동에서 부딪치면

광휘에
못 뜨는 누낭淚囊
가볍게 눌러본다.

뼛속에 어려지는 생성의 마법일까

자연을 토막 처서
질경질경 씹어보며

동녘이
타는 우주에
불사조로 남고 싶다.

방파제

밀려온 물 더미로 하부를 태질하며
가쁜 숨
잘게 썰어
물거품을 짜 집고서
고독이
조난당하여
파도 세워 수장한다

비린내 북풍 안고 뒤채는 제방 곁에
노도는 담을 쌓아
궂은 날씨 재고 있어
질척인
먹구름 떼가
바다 위를 훑고 있다.

포말의 알갱이에 혹한이 똬리 틀고
수평선 너머에서
질주하여 철석이면
따개비 독한 사랑도
선잠에 눈을 뜬다.

죽란도 竹蘭圖

내 짐짓 화공이듯
부생浮生의 난을 치고
실눈썹 서린 넋을
손톱으로 후벼 파며
응달에
몸살로 떨다
붓끝에 흘린 멍울.

정강이 부러지듯
앙상한 마디마다
대나무 관절 갈라
벼루 먹물 말라 들어
묵향이
배인 화선지
필봉에 시든 꽃대.

송귀영
호 : 澐海
한국 시조사랑운동본부 부회장
백제문협(매헌문학상) 회장
한맥문학가협회 회장
(재)용인공원 부사장

고향별곡(1)

時調 翠松 朴 圭 海

봄이 오면 이웃집
누나 따라 나물 캐고

친구 집 마당에서
자치기 하며 놀았는데

흐르는 도랑 물소리 개울에서 가제 잡네

여름이면 개울물 막아
멱 감고 놀던 때

소 몰고 산골짜기
찾아가서 소 풀 뜯고

밤이면 멍석에 누워 밤하늘의 별을 헤고

겨울 되니 쓸매들고
다랑 가지 논배미에

마당에 모여 놀던
재기차기 경쟁하고

밤마다 솜이불 속에 발 모으고 옛 이야기

고향별곡(2)

봄이 되니 푸른 산은
화장한 듯 보이더니

뒷 골짜기 밭가는
소 모는 소리 메아리치고
울타리 호박 넝쿨이 바알바알 기어가고

아침 햇살 트오니
외양간에 소 울음

고샅길엔 아이들이
재잘재잘 소리들
가을엔 초가지붕에 빨간 고추 늘려 있네

찬바람 불어대면
사랑방엔 구수한 잡담

웃음들은 골목길에
번져가는 행복들
이웃 간 주고받는 정 세상 살맛 나누나

고향별곡(3)

희붐한 새벽공기
가르며 달려가는

농부님의 경운기가
자가용 대용하고

일손이
없어서는 안 될
농기계의 일부다

하루를 시작하는
아침 일과 문을 열고

도랑 밟아 물 막아
논물대어 모판하고

개구리 우는 논에는
물이 가득 있다네

박규해

경북 상주출생, 아호: 취송(翠松)
단국대학교 국어국문과 졸/사랑 · 소설계사 기자 근무
함창중고등학교 근무 정년퇴임
현대시조 "바램"으로 천료(97)
97 ~새 시대시조(계간) 출품 외 9곳 문예지 출품
시조집 : 희망의 횃불, 찔레꽃이 피면
수상 : 시와 수상문학 특별상
동인지: 시인파라다이스 외 50권
현재 : 한국 문인 협회 경북 지회 회원, 현대시조 인단 회원, 한울문학 회원, 창작과 의식동인, 만다라 문학 회원, 파라문예회원, 시와 수상문학, 국보문학 회원, 한비문학 회원, 시와 늪 문학 회원, 시와 글 사랑 회원

손자 사랑

청인 장 명 철

똑 닮은 손자 녀석
짓궂은 장난쳐도

호된 야단 치긴커녕
자랑만 한 바구니

콩깍지
내리사랑은
할아비의 참 행복.

별의 향기

얼마나 그리우면
가신 임 밉다 했나

잊으려 외면해도
옛 정이 사무치니

별이 된
그 이의 향기
온 몸으로 스미네.

잡초를 뽑으며

예쁘게 단장하고
봄맞이 나왔건만

벌 나비 들기 전에
뿌리째 뽑혔으니

제 수명
못 다한 아픔
손끝마다 저리네.

장명철

아호 : 淸仁
인천 출생
고려대학교 졸업
(전)한국전력공사 임원
국보문학 시조 부문 신인상 수상
세종문학회 회원
(사)대한민국국보문학협회 정회원

가을

서갑준

불러도
대답없는
애타는 그리움을

희미한 추억속에
목마른 갈증 처럼

진하게 색칠 하고픈
가을 단풍 같구나.

계절도
잊고 싶은
나 혼자 착각속에

온전히 함께하는
만선의 환희같이

그리움
뜨락에 가득
가을 옮겨 심는다.

친구

가끔은
나 혼자
그리움 찾아 나설때

수많은 사람들 중
생각에 잠겨 걷다

어깨를
툭 치는 사람
자내였음 좋겠어.

우리네 삶

한 생을
살다감은
제몫이 분명하고

길 아닌
길을 걸어
지치고 짜증날때

땀방울
흘리지 않고
시원함을 어찌 알랴.

서갑준

서갑준(徐甲俊) 1959년 경남 통영 출생
시조문학 신인상수상(2013가을호)
무궁화시조문학회회원
여시골문학 회원
주소 : 대구시 동구 지묘동 팔공보성 3차 303-901호
이메일 : rkqwns59@hanmail.net
HP.010-8215-6118

어리연꽃

海月 채현병

쪼르르 떨어진 물 졸졸졸 흘러가다
쪼르르 피어난 꽃 졸졸졸 따라가다
어느새 고개 내밀고 제멋대로 놀아요

제주濟州 산방산山房山 삼제三題

흑룡黑龍이 뛰쳐나와 용왕龍王을 불러내니
대지大地가 꿈틀꿈틀 바다가 부글부글
콧바람 킁킁 소리에 산방산山房山도 갸우뚱

〈보문사普門寺〉
여신女神님 산방덕山房德이 한 맺혀 흘린 눈물
구원救援의 젖줄로써 가난을 구휼救恤하고
큰 부자 내실 마음에 불이문不二門도 연다오

〈관통석貫通石〉
땅껍질 뚫으실 제 문리文理도 틔우셨나
땅거죽 흐르실 제 불성佛性도 얻으셨나
관통석貫通石 들여다 보니 새 세상이 보이네

제주濟州 주상절리대柱狀節理帶

겹겹이 세운 기둥 솟구쳐 올랐어라
파도도 솟구쳐서 꽉 움켜 잡았건만
끝끝내 붙잡지 못해 떨어지고 말더라

채현병
[시조와 비평] 제8회 동시조 신인상
원주문협, 강원문협, 강원시조협, 한국시조시인협회 회원
한국문단, 동백문학회, 한가락시조 모임, 월하시조문학회 회원
세종문하회, 한국녹색문인회 회원
한국시조사랑운동본부(편집국장)
한국문학신문 기성문인 시조부문 대상수상

한가위 보름달

정태은

휘영청 밝은달은 어머님 모습인가
온가족 다 있는데 어머님 안계시네
지금은
저 달 속에서
나를 보고 계신지

언제나 염려하며 기도로 지새던님
오늘도 자식사랑 환하게 비치시네
어머님
뜻을 받들어
힘을 다해 살으리다

병원 문병

창공을 종횡으로 내달리던 제비여
오늘은 어이 이리 날개가 부러졌나
남에게
의지하는 삶
한 발짝이 힘겹네

인생의 광야 길에 지쳐서 쓰러진 몸
하늘을 바라보고 새 힘을 얻으시어
보람찬
인생으로서
남은 삶을 사소서.

가을문턱

매~미 노래소리 잦아든 산골작에
귀뚜라미 대신해 가을 노래 부른다
미물도
때를 알아서
가을 환영 노래한다

인생도 때를 따라 가야만 하는것을
세월을 감추려고 날마다 애를 쓴다
감추고
또 감추어도
막을 길은 영 없네.

정태은

경북 경주 출생, 경기도 양평 거주
월간 국보문학 시조부분 신인상 수상
세종문학회 회원
(사)대한민국국보문학협회 정회원
현)경기도 양평군 용문면에서 펜션 운영

반가운 소식

윤영석

맑은 하늘아래
칠월에 푸르름에 얼룩진 자국
빗물로 닦아주는 천심을
일깨워주는 반가운 소식

황혼의 삶길에
푸른 마음 다듬어주는 소리
귓가에 은은히 삶의 흥 돋우니
삶 살이 새 기운 솟는 반가운 소식

세월에 무늬 놓아
삶 길에 꽃을 가꾸면서
주고받는 따스한 마음
반가운 소식 동쪽에 무지개 펼치리

설중매

잔설 덮인 뒤뜰에 매화나무
설한에 묻어둔 절절한 그리움을
겹겹이 둘러싸인 겨울의 껍질을 벗고
고목 등걸에서도 새싹이 얼굴을 내미네

하늬바람에도 흔들림 없이
백야에 반짝반짝 빛나는 매화
따사로운 햇살에 눈 녹이며 꽃잎 터지네
고귀한 정열로 겨울을 이겨낸 우아한 자태

그윽한 향기 마음의 고향으로 안내하며
낯익은 모습으로 눈꽃 헤집고 나와 뽐내니
동양의 여성스러운 상징의 꽃, 꽃의 제왕다워라
다시 봄이 오는 소리 영롱한 이슬 머금고
살포시 미소 짓네.

반갑고 고마워라

비가 내린다
겨울을 어서오라
찬바람 몰고 오니
따뜻한 님의 온기
반갑고 고마워라

손안에 든 폰에
어울리던 발자욱이
다시 그려지고 채색하니
흘러간 님의 정다움
반갑고 고마워라

오는 시간위에
삶을 다듬고 가꾸면서
밝고 맑은 삶길 다듬으며
세월위에 님과 함께하니
반갑고 고마워라!

- 어광선 | 달빛 어린 호숫가에서 외
- 서성택 | 약속한 세월 외
- 조육현 | 가을앞에서 외
- 나상국 | 구월이 오면 외
- 최양숙 | 추억이 편해져서 외
- 홍종철 | 재봉틀소리 외
- 허임용 | 송계계곡-월악산 외
- 박형근 | 서해안 바닷가 외
- 이한구 | 단 한 사람이기에 외

달빛 어린 호숫가에서

석청/어광선

무수히 많은 별들
내 별은 어느 것일까
달 빛은 구름사이에서 숨박꼭질

풀벌레 합창
밤새도록 풍년을 알리는 소쩍새
심심하면 개똥벌레 반짝이며 날아간다

캐미 춤출 때마다
입술이나 아가미에 걸려
붕어 잉어 끌려 나온다

아프지 않게 살살 빼도
피가 나오기도 하여
마음이 아프고 미안하기도 하다

지난 봄 별 빛 하나 사라졌다
홀연히 하늘나라 가신 선친
좋은 데로 가셨을 테지

아내는 지금 무엇을 할까
저 구름 달 별 보며 산책하고 있을까
깊은 잠에 빠져 내 꿈 꾸고 있을까

차버린 이불 덮어줄 이
폐업한 신리 낚시터에서
찬이슬 맞으며 감상에 젖어 있다

희미한 미소

제법 많은 양
쉼 없이 내리며 대지를 적신다

식물들은 신나게 몸을 불리고
물고기는 신나게 상류로 솟구친다

저지대 사람들은 불안에 떨고
고지대 사람들은 감상에 젖어 있다

작곡가의 뇌는 춤을 추고
작사자는 술잔을 기울인다

개미는 돌대문 굳게 닫고
지렁이는 나들이 나온다

다정히 감싸 안은
우산 속 연인들이 아름답다

커피 숍에서는 원싱들이 우수에 젖어 있고
선술집에서는 돌싱들이 추억을 더듬고 있다

낯설지 않은 원싱 돌싱
옛일이 주마등처럼 스친다

구름 걷히고 햇님이 웃듯
어둠이 걷히고 새벽이 온다

입가에 잔잔히 번지는
희미한 미소

자세 낮추고

자세 한껏 낮추고
한번 자리 잡으면 뿌리를 깊게 내리고
아들 손자 며느리 다 곁에 두고 사는 질경이
약효가 뛰어나고 영양분이 많단다

잡초 되자 했으나
온초 되어 나약하고 허약하며
세속과 쉽게 타협하고 굴복하며
인간사에 있으나 마나한 희미한 존재

뜻을 세운 공자의 나이 훌쩍 넘어
환갑이 얼마 남지 않았고
무뇌 인간처럼 하루살이처럼
날마다 식량을 축내고 시간 낭비

허리굽혀
잡초 뽑아내어 잔디 살려주듯
자세 낮추고
말없이 조용히 할 일 하자

누가 볼 새라
누가 보지 않을 때
누가 알아주기 바라지 않고
문득 보면 무성하게 자라버리는 잡초처럼

어광선

경기도 화성 출생. 경기도 수원 거주
단국대학교 졸업
월간 국보문학 시 부문 신인상 수상
월간 국보문학 회원
삼일공업고등학교 화학공업과 교사
(사)대한민국국보문학협회 수원시지부장

쉬었다 가노라

서성택

이 몸은 왔네
집사람 오니
두 사람 됐네

웃으면 농담
청춘은 한나절
잔주름 꽃 피다

늙어서 갈 곳
국화꽃 향기
북망산 길목

한 번은 간다
가면은 못 오는
저승길 문 열려

자연 속의 인간

자연의 아름다움은
생명체의 생기를 발기
기맥을 솟구치도록 한다
그러나 자연의 용트림
지구의 온난화 원인 제공을
인간의 과욕으로 대자연 훼손
걷잡을 수 없는 폭탄 재해를
지구촌은 마비상태로 멈춰
할 말을 잃고 주저 앉아
촌노의 한숨소리는 삶의 개탄
그래도 군 · 관 · 민의 합동 지원으로
희망을 안고 다시 새 힘을 얻어
활짝 웃는 촌노의 얼굴에는
古木花笑로다.

야속한 세월

청춘을 앗아간 세월이여
세월에 꿈을 싣고 살아왔건만
허황한 꿈으로 사라져 버렸네
세월을 잡지도 못하고
세월에 끌려 살다보니
일평생 저물어 갔구려
지워지지 않는 귀로
인생은 나그네
세월 따라 살다가
세월 따라 가노라
이것이 인생의 전부라 했다.

서성택
좋은문학 시 부문 신인상 수상
월간 국보문학 수필 부문 신인상 수상
대한역도연맹 운영위원(전), 대구 한정초등학교 총동창회 회장(전)
이천서씨 대종회 회장(전), 한국저작권협회 작사가
재경 대구 · 경북도민회 자문위원(현)
동인문집 제11호 「내 마음의 숲」 총괄 편집고문
(사)한국문인협회 이사, (사)서대문문인협회 회장
한민족(연합) 남북공동대표, 한국문화예술신문 문화대상 수상(2011)
월간 국보문학 작가회장 역임

사랑은 아무나 하나

문성/조육현

사랑이라
쉽게 말하지만
사랑이란 정말 쉬운 걸까요

흔히 사랑을 가볍게
말하는 사람은
어둠 일 수도 있습니다

사랑은 못이 손에 박히는
쓰리고 쓰린 아픔이 있어도
그 사랑 끝까지 믿음으로 지켜가는 것입니다

바보라 칭하는 그들은
사랑은 눈물의 씨앗이라는
노래를 부를 때에도 비애를 느끼지 않습니다

진정 영원한 사랑은
주님의 품 안에서?
한없이 함께 해야 하기에
아무나 할 수 없는 것 인가 봅니다.

가을 노을

푸르던 잎사귀
빨갛게 물들어 가던 즈음
커피 잔에
봄
그리고 여름
기다림을 세월에 담았네

뜨거운 여름 햇살같이
뜨거운 사랑
붉게 물든 가을 단풍처럼
아름다운 이야기
살금살금
사랑의 소리를 풀어보네

너와 나
붉게 물든 가을노을
지는 모습 아무도 보지 않았네.

가을 앞에서

가을 앞에서 나는 웃었네
밤 떨어지는
소리에

가을 앞에서 나는 웃었네
노란 잎
빨간 잎 낙엽 지는
바람에

밤나무 산장에 앉아
나는 불러보네
높은 하늘 뭉게구름에 감춰진
나의 어머니를...

문성/조육현
시인/수필가
한국문인협회 회원/ 가톨릭 문인회원
시와수상문학 이사/ 동양그린건설(주) 대표이사
사단법인 국보문학이사
국립 수생태 해설사/ 녹색한경관리사
환경보호운동국민운동본부 중앙위원
메일:dyg5403@hanmail.net

추억이 편해져서

최양숙

누군가 나를 대신 할거라고
무 자르듯 내 마음 잘라 내어
미안합니다

길 모퉁이
같은 모습 일일이 찾던
연둣빛 설렘 내려 놓고
옆도 뒤도 보지 않아
미안합니다

흐려진 기억 쫓아
멀리멀리 봅니다
석류알같이 탱글하던 심장
점점 묽어집니다

이렇듯
추억이 편해져서
미안합니다.

작달비로 내려

한 잔을 하면
분꽃처럼 웃음이 열리더라
한 잔을 하면
참새 떼처럼 그 웃음
하늘로하늘로 가 닿더라

또 한 잔을 하면
눈꺼풀 위로 추억이 쌓여
는개에서
작달비로 쏟아지더라
두 손으로 얼굴을 다 가려도
멈추지 않더라

분꽃처럼 터지던 웃음이
작달비로 내리더라
아아 한 잔을 하면
웃음도 울음도 붉음이더라.

예쁜 하루

동무들
노랗게 노랗게 걷는다
향짙은 생갈비 긁어 모아
조막손 넘치도록 담는다
유리알처럼 맑은 웃음소리
야트막한 동산 들썩인다
갈대 출렁이는 옛길
거슬러 올라
흑백 은은한 마을에 닿는다
둘레둘레 초가집 늘어선
가을 햇살 아래
까슬까슬 마르는 흙벽
흙마당
그 아찔한 아름다움 속에서
갈대 보다 작은 내가 웃는다
예쁜 하루다.

최양숙
부산시인협회 회원
불교문인 회원
부산시 동래구 명장2동 503-143동양파크101호
010-3706-1667

재봉틀소리

홍종철

한밤의 재봉틀 소리
아내가 돌려도
어머니가 생각난다

세상 밖으로 밀려나
기도도 못 닿을
세월 저 앞에서

추억의 메아리여!
깃발처럼 펄럭이는
순수의 메아리여!

한밤의 재봉틀 소리는
반지빠른 새 옷이 아닌
정갈하고 소박한 이음새
인생사 본말을
안받침하는
알뜰한 갈무리

가랑가랑
옷 깁는 소리
구멍난 잠을 깁는다.

한 많은 오륙도

제 이름 분명치 않아
뭍으로 오르지 못한
오륙도

해운은 다섯이라 우기고
절영은 여섯이라 고집하니
한 많은 오륙도

꿈은
올곧은 이름 하나
가져보는 것

세월은 고요히 흐르고
지는 해 불도장처럼 뜨거운데
언제쯤 본토에 혼을 묻을고

수천 년 바다에 발 담구고
오늘도 뭍으로부터의
귀향소식 기다린다

삼강주막

달을 벗삼아
길을 재촉하던
발굽치 헤진 짚세기

괴나리봇짐에
한양천리
지금도 걷고 있구나

한 오백년 그 위에
시름없는 삼강주막
무얼 타고 왔냐고 묻는다

빨리에 자지러지고
매연에 싸아한
얼룩져 곪아진 세상에

세월을 부둥켜안고도
선듯 말 못하는 안달뱅이
차랄까? 말馬이랄까?
대답은 간단하지만
어쩐지 말하기
부끄러운 목로주점

떠돌다 지친 바람이
수군거리며 삼강나루로
빠져나간다.

홍종철
경남 산청 출생.
계간 《부산시인》 시인 등단. 월간 《문학도시》 수필 등단.
부산 시인협회. 부산 문인협회. 재부 산청 문우회.
부산 남구 문협 회원.
우전 문학회 회장 역임. 시집 「나직한 대화」

설야연기(雪夜戀歌)

허임용

밤하늘별처럼
초롱한 눈망울
명지바람 불면 보릿고개 걱정

쇳물이라도 끓어
넘칠 듯한 날에도
자식들 몰래 이마 땀 훔치시며

봄날처럼
따뜻하시고
포근하게 감싸 안아주신 부모님

삶에 짓 눌려
이마에 잔주름하며
밤새 내린 雪처럼 하얀 머리카락

자신보다
자식위해
한평생 희생하시고 서셨던 부모님

마음이 하도 아파
하염없이 흐르는
눈물 몰래 참으려고 애써

* 명지바람 : 부드럽고 화창한 바람

거제 섬의 하루

우유빛 순한 안개 고깃배 막네 무시무시한 파도가 안개를
집어삼키고 토하는 듯 험악한 분위기 사방에 뿌려진 햇발이
슬그머니
밀치며 징검다리 살짝 던져놓은 것 같은 대병도와 소병도

그곳의 노을이 섬과 섬 사이 허리를 감싸 안고 삐쳐 돌아선
바다는
강태공의 보물 창고인 듯 확 트이고 쪽빛바다와 낭만이 잠든
해변

그곳에 흑진주처럼 잘생긴 몽돌들이 어지럽게 늘려 파도가
때릴 때 마다
자글자글 베토벤 교향곡 같으며 길게 뻗은 섯벽(石壁)이 병풍
처럼
펼쳐져 사이사이마다

그곳의 산야(山野) 팔색조의 노래 소리도 아름답지만 눈에 파
묻혀 활짝 웃는
동백도 신비롭고 땅에 떨어져 지는 동백 환상적이다

송계계곡- 월악산

백두대간의 배꼽
오대악산 중 하나인 월악산
짙푸른 숲속 새소리
냉가슴보다 차갑고 처량하며
굽이돌아 넘쳐흐르는
청아한 물소리는
망국의 한을 품은
마의와 덕주의 눈물이 아닌가 싶구나

천년 왕국이
한 순간간 비참하게 무너져
훗날 민초들의
애틋하고 숱한 전설로만
송게 계곡에 차고차고
쌓여 하염 없이 쏟아지는
낙수물에 흘려보내는 듯 싶구나

허임용
아호 : 一山
한국방송대학교 법학과, 한일합섬 본사 근무(전)
AUSTRALIA VICTORIA MELTON WOOL P/L
(Production Manager)(전)
(사)대한민국국보문학협회 정회원

서해안 바닷가

박형근

뭇사내 유혹하는 방파제에 앉으니
바다향기 그윽한 갯벌세상 펼쳐진다

예쁜 그녀의 보조개 닮은 작은 구멍 밖으로
세상이 궁금한듯 다리하나 삐죽이 내놓은채

사방을 굴리는 동그란 눈망울…
오늘따라 작은 게들이 더욱 귀엽다

마시던 술잔에도 황혼이 젖어들어
황진이 치마폭 처럼 예쁘게 물들면

떠나야할 시간이 되어간다는 신호이건만
주저앉은 자리에선 도대체 일어날줄 모른다

저녁노을 황금빛에 취했는가
바람 타고온 첫사랑 향기에 취했는가

뉘엇 뉘엇 서산 넘어가던 햇님은 어느새
마지막 남은 꼬리뼈 산등성에 걸치고

뒷자리 달님에게 양보하며 아쉬움 뒤로 하지만
나는 어이하여 이 자리에 눌러 앉았는가.

가을

옥빛 물감 풀어놓은
가을 하늘 한 자락

하얀 뭉개 구름위에 이 한몸 싣고
한없이 떠다니고프다

노오란 별빛 하나
나뭇가지 사이로
살폿히 찾아온 아늑한 시골의 밤

찌르라기 풀벌레 소리
가을을 찬미하면
사랑했던 그녀 생각이 난다

고요한 원두막 위에서
참외위에 달콤한 밀어를 뿌려놓고

한입 베어 먹으며
그녀와 함께 이 밤을 지새우고 싶다

가을향기

상큼한 내음을 맡을수 있어
가을을 찬미하는가 보다

떠날 것 같지 않던 더위가 가고
어느새 그자리 가을이 또아리 틀었네

달빛향기 보다 더욱 달콤한
친구들의 향기 맡을수 있음에 감사하고

작은 소통 나눌수 있음에 하루가 짧은 느낌
건강하라 하면 고루할수 있기에
그저 행복하란 말로 대신한다

고운 빛깔로 인생을 예쁘게 색칠하며
추억의 억겹을 쌓아가야겠지

언젠가 좀 더 세월이 흐른 후에
이렇게 나누는 대화상자 한 두 꺼풀 풀어내면

멋진 한편의 시로 탄생하지 않을까
내심 기대해보며

마음을 비우고 가을하늘에 온몸을 맡기니
난 어느새 한점 구름 되어 바람따라 흘러간다네.

박형근

강원도 홍천출생, 서울동작구 거주
수도경찰신문 창간9주년 문예공모 수필입선(1995년)
동작문예대전 시부문 동상 (2009년)
경찰청 주최 문예대전 시부문 특선 (2012년)
월간 국보문학 시부문 신인상 (2012년, 거울등 3편)
2012년 시인등단 (월간 국보문학회)
현)동작경찰서 보안팀장
수상: 모범공무원 정부포상(국무총리), 행자부장관상 등 26회
저서: 더없이 좋은인연
동인지 "내마음의숲 2013년 봄"

단 한 사람이기에

海田 이한구

기분 좋은 날
바람이 내게 물었어
아득한 이름 기억하느냐고
달빛 풍성한 날
아득한 얼굴 떠올리느냐고
대답하지 않았죠
내 안에 자리 잡은
단 한 사람 이기에
물어볼 필요가 없는
싱거운 물음이었기에
그래도 이 속삭임
끝나지 않으면 좋겠어
가슴 속에서 올라오는
다듬이 두드리는
방망이 소리가 참 좋거든.

그림자 지우기

삶의 절반을
이별이란 말로
투욱 잘라냈을 때

내가 별로라는
그 느낌을
간신히 눈치챘을 때

두려웠다
두텁게 쌓이는
그리움의 무게가

추억은
늘 혼자였고
아무 힘이 없었다.

못다 한 이야기

산이 내려와
편안하게 잠든 저수지에
낚싯대 드리우니
건너편 마을 가로등
늙어서일까 병이든 것일까
눈을 떴다 감았다를 반복하는 모습이
배고픈 늙은 고양이 눈빛처럼 슬프다

가로등 한번 보고
낚싯대 한번 내려다보면
어느새 희미해진 낚시찌 불
그리 좋은 체격도 아니었건만
아버지의 마지막 모습을
흔들림 없이 지켜보시던
어머니의 흐린 눈빛처럼 슬프다.

이한구
海田 이한구
경기도 생
등단시인
메일:주소: lhg03001@hanmail.net

· 심옥배 | 9월 꽃무릇을 보다

· 박언휘 | 당신은 지금 무슨 생각을 하십니까?

· 유영준 | 곰의 품에 깊숙이 안기다

· 강만구 | 조밧 ᄇᆞᆯ리기

· 심은석 | 책을 선물하는 사회, 동네 책방을 살려야

· 송경태 | 손자와 세발자전거

9월 꽃무릇을 보다.

심옥배

저만치 노송 그늘아래홀로 핀 꽃무릇이 개망초와 어우러져 그 모습이 당당하고 우아하다.

가을꽃이라 코스모스를 보기도 전에 본 꽃이니 반가운 일이다.

잎이 있을 때는 꽃이 없고 꽃이 필 때는 잎이 없다. 잎과 꽃은 늘 그리워한다. 애절한 사연을 담고 있는 꽃무릇, 즉 석산(石蒜)은 상사화(相思花)라는 애칭을 갖고 있다. 잎은 파랗게 가을에 돋아나서 겨울을 견디고 봄을 지나 여름이 되면 잎은 말라 죽는다. 다른 풀잎이 무성할 때 죽어 없어지니 천지에 꽃무릇은 없어 보인다. 그러나 여름의 풀이 꺾이고 산의 활엽수들이 단풍을 준비할 무렵 연녹색 꽃대를 곧게 밀어 올린다. 붉은 산형꽃차례에 화피는 여섯 조각으로 거꾸로 된, 얇은 붓끝을 뒤로 말라 꽃을 피운다. 화사함이 만다라가 따로 없을 지경인 것이다.

천연방부제 또한 이 꽃무릇의 뿌리다. 독성이 있는 뿌리로 주로 절에서 풀을 쑬 때 갈아 섞는다. 탱화를 그릴 때 천에 바르거나 불경을 제본하고 고승들의 진영(眞影)을 붙이는 데 쓰이는데, 좀이

슬거나 벌레가 꾀지 않아 오래 가는 천연 접착제와 방부제의 역할인 것이다.

9월이면 선운사 꽃무릇은 도솔천을 따라 군락지를 이루고 있다. 우연한 여행길위에 보았던 첫 만남이었다. 지인의 사진전시회를 통해 만나보았던 꽃무릇에 대한 감상은 깊지 못했다. 붉고, 촌스럽기까지 보였던 기억을 지인은 귀하게 때로는 일품으로 보는지를……붉은 꽃잎만큼 나의 낯도 붉어졌다.

자만과 오만으로 가득한 나의 모습을 들여다본다. 그저 액자에 담긴 붉은 꽃송이만으로 곁눈 결에 훑어보는 것만으로 그 평을 다 하고자 하였으니, 참으로 부끄러운 만남이다.

시기에서 온 마음이다. 가까이 만나보니 어린 꽃대가 당당하고 곧은 자태에 뿜어내는 꽃자락은 늙은 반송으로 가려진 하늘마저도 감싸주는 넉넉함이 대견스럽다. 이른 아침 꽃무릇에 열정을 다해 사진을 찍고 있는 중년의 모습도 보였다. 한자리에서 수없이 많은 셔터를 누른다.

가까이 다가가 바라본 꽃무릇은 이슬을 머금은 채 반송사이로 햇살을 받아들인다. 당당하고 곧은 자태와는 사뭇 다른 모습이다. 나비가 날아든다. 가까이 하고도 서로 모양과 색깔이나 향기도 별 차이 없이 우아해 보이기까지 하다. 어디에도 전에 느꼈던 촌스러움은 없었다.

타인의 시선으로 바라본 어리석음은 내게 있었다. 시샘으로 일그러져 아름다운 꽃의 내면을 보려 하지 않았다. 열심히 셔터를 누른 중에 으뜸을 인화하는 것처럼 평범하지 않은 고귀함을 보는 지혜로운 시선이 필요하다. 역작(力作)을 제대로 보지 못하는 부끄

러운 만남은 이제 곤란한 일이다.

도솔천 산책길에 햇빛이 여러 활엽을 지나 그림자로 흔들거리는 숲속에 쑤욱 뽑아 올린 꽃대로 군락의 꽃무릇이 9월을 가득 채운다.

심옥배

〈한국수필〉등단. 신인상 수상.
(사)한자녀 더 갖기운동연합 거제지부 지부장.
한국수필문학회, 경남수필문학회, 기제문인협회.
거제수필문학회사무국장.
거제시 문학회 회원

당신은 지금 무슨 생각을 하십니까?

박언휘

신은 지금 무슨 생각을 하고 계십니까?

요즘 세계적인 대화록인 페이스 북을 열면 그 속의 작은 네모상자는 내게 이렇게 묻는다,

"당신은 지금 무슨 생각을 하십니까?"

화두처럼 어린 시절부터 묻고 또 물었지만, 여전히 오늘아침 내게 또 묻고 있다.

거리의 가로수는 비를 맞으면서도 갈색으로 물들기 시작했고, 어머니가 누워계신 시골고향의 뒷산에도 어느새 누렇고 붉은 기운으로 가을 색을 띄우기 시작했다.

몇 번의 가을비가 더 내리면 진짜 가을이오겠지.

얼마 전 나는 하버드 의대교수인 제롬 그루프먼이 지은 닥터스 씽킹(How doctors think)이 라는 책을 접하게 되었다. 의료계에 들어선지 20년이 지났지만 여전히 환자에 대한 "최선의 진료"가 나의 화두이다.

의사들을 괴롭히는 '오진(誤診)의 짐' 은 현대의학의 상업적 한계와 보험체계라고 저자는 애기하고 있다. 그중 수많은 의사의 진

단과 처방을 받았지만 15년 동안 먹은 음식을 토하다가, 마침내 죽음을 앞두게 된 한 환자가 있었다. 이 환자에 대한 극적인 치료는, 역시 환자와 의사의 '대화' 와 '신뢰' 가 그 돌파구임을 보여준 사례로 아주 인상적이었다.

의사의 진료 중 오진의 80%는 결국 환자와의 '소통의 실패' 라는 것이다.

환자들은 의사가 자신을 얼마나 애정을 가지고 보는지에 따라 놀라울 정도로 민감해진다. 여기서 오진을 연구하는 전문가들은 최근 많은 의료과실이나 분쟁이 결국 기술적 실수가 아니라 의사의 사고의 결함에서 비롯된다는 주장이고 보면 환자에게 주는 아낌없는 사랑이 결국 환자를 치유할 수 있는 비법 중의 하나가 되는 셈이다.

나는 매일 환자를 볼 때마다 한 사람 한 사람 기도하는 마음으로 진료한다.

지금 내 앞에는 83세의 할머니가 앉아계신다.

일주일 전만 해도 허리가 'ㄱ' 자로 구부러져 웃음을 잃고 계셨지만, 지금은 미소를 띠면서 얘기하고 있다. "자신도 20대에는 보기 드물게 훤칠한 키에 허리 28인치의 미녀였다" 고, 그럴 것이라고 나는 고개를 끄덕였다.

왜냐면 165㎝ 정도의 키가 큰 할머니였기에, 허리가 저렇게 구부러졌을 것이리라...... 통장에는 '3천 원' 밖에 없지만 키우는 손자가 전 재산이라며 아이의 머리를 쓰다듬는 할머니, 이 할머니에게 아낌없이 주는 나의 사랑은 과연 어떤 방법이어야 할까?

3개월의 시한부 인생을 살던 현재 79세의 Y할아버지, 위암이 복강 내로 번져 항암치료마저 포기하며 치료받던 그 할아버지, 5년만 살게 해 준다면 뭐든지 다하겠다던 그 할아버지는 13년째 지금

살아있다. 자신의 생일은 병 때문에 생략을 한지가 13년 째 지만, 매년 내 생일날 난초향이 가득한 화분을 보내고 있다.

오래 살려면 주치의가 필요하다며 손수 병원 쇼핑을 한 후 찾아오신 96세의 K할머니......

5년 전 개업한 후 바로 찾아오신 할머니는, 오래 기다리지 못하시는 게 험인 이분은, 지금은 너무 늙어서 경제적 활동을 할 수 없단다. 그리하여, 성경에 쓰여 진 것처럼 120살까지 살려면 돈을 아껴야 한단다. 그런즉 치료비를 무조건 50프로 할인 해달라고 떼를 쓰신다.

우리의 상식을 넘어 죽음을 이기고, 새로운 삶을 잘 살아가는 사람들!! 나는 치료할 때마다 이들의 마음을 skin ship하듯 쓰다듬고 보듬어 준다.

주사를 줄 때에도, 약을 쓸 때에도 이들의 마음을 skin ship하듯 안아주고, 주치의의 아낌없는 사랑을 전달한다. 그리고 나을 수 있다는 확신을 심어주고, 최선을 다하며, 함께 기도하듯 치료한다.

누가 무슨 생각을 하느냐고 내게 묻는다면, 난 아마도 이렇게 대답을 할 것이다.

" 최선을 다해 환자를 치료하고, 낫게 할 수 있는 방법을 생각중입니다." 라고.

15여 년 전 뉴욕의 한 소아 병원에 근무할 때가 생각난다. 병원 앞에 붙어있는 슬로건은 'Hug Me!' (안아주세요!) 이다.

아직은 따사로운 이 계절, 겨울이오기전, 우리 굶주린 이웃들에게 따스한 사랑의 포옹을 보내지 않으실래요?

언젠가는 이름 모를 무덤처럼, 죽음을 마주대해야 할 그대...... 이 가을, 살아있다는 기쁨만으로, 가난한 이웃들에게 상생의 비법인 아낌없는 사랑을 주는 것 또한, 우리들의 젊음을 100세까지 함께하는 아름다운 동행이 아닐 런지요?

박언휘

시인, 수필가, 의학박사
전문의 경북대 의대, 대학원 졸업
KBS 1TV "아름다운 의사"(다큐멘터리) 방영(2008년)
대한민국 사회봉사대상(2009년)
올해의 의사상(2007년)
한국문학신문 신춘문예 시 부문 당선(2012년)
대구문인협회 회원, 대한 노화방지연구소 이사장
대구기정법률상담소 이사징
한국문학신문 · 한국일보 편집위원
(사)대한민국국보문학협회 대구시지회장
한국의사수필가협회 회원
박언휘 종합내과 원장
저서 : 「박언휘 원장의 건강이야기」

곰의 품에 깊숙이 안기다

유영준

여명을 헤치며 달리는 관광버스에서 잠시 상념에 젖어보았다.

인생이 여행이고 여행의 단면 하나하나가 바로 인생이라는 생각을 하니 이른 새벽 출발은 나에게 또 다른 흥취를 느끼기에 충분했다.

버스에 가속이 붙을 무렵 멀리 산등성이 사이에 낀 새벽안개를 보면서 요절한 가수 남 정희의 대표곡인 〈새벽길〉이 생각 나 누가 들을세라 조용히 흥얼거려보았다.

사랑은 하늘가에 메아리로 흩어지고
그 이름 입술마다 맴돌아서 아픈데
가슴에 멍든 상처 지울 길 없어라
정답던 님의 얼굴 너무나도 무정해
울면서 돌아서는 안개 짙은 새벽길

우리 일행(대구약사산악회)이 탄 버스는 안동을 거쳐 아침식사를 하기로 한 단양휴게소에 도착했다.

비교적 이른 시간이라 휴게소가 조용해서 편안히 아침을 먹을 수 있었다. 나는 비빔밥을 배식 받아 몇 분과 같이 화단 옆에서 먹었는데 다른 사람들은 미역채국을 받아왔지만 나는 그냥 오고 말았다. 그래서 채국을 챙겨 오려는데 총무님이 미역 채국이 모자라서 두 사람 앞에 하나씩 돌아간다기에, 미역 채국 없이 먹기로 했다 그런데도 아주 맛있게 먹을 수 있었다.

입맛이 여행 중에는 늘 더 좋았기에 나는 여행체질인 것 같기도 하다.

원주 홍천을 거쳐 38선 이북의 강원도 인제로 예정된 시간보다 많이 늦게 들어서니

"감자바위"(강원도) 산과 개울이 나에게 하는 말이 "인제에 인제 오시면 어떡해요"라며 웃으면서 나를 반기는 것 같았다.

목적지에 가까워지자 진동리가 나오고 설피밭교를 지나자 약 3킬로 정도의 비포장도로를 만났는데 우리 일행의 지체(肢體)가 잘 붙어 있는지를 시험하려는 듯 그 흔들림과 울렁거림이 정말로 대단했다.

곰배령 주차장 부근에는 〈백두대간 단목령〉 이라 새겨진 비석 형태의 제법 큰 표지석이 있었는데 이 표지석에서 왼쪽으로 조금 걸어 올라가니 점봉산 생태관리센터가 나왔다.

78명이나 되는 우리 일행이 한 사람 한 사람씩 점봉산 생태관리센터 입구에 있는 곰배령 생태탐방안내소에 신분증을 제시하고 입산허가증을 받았다. 안내하시는 분이 고리가 달린 입산허가증을 배낭 고리에 걸어주었는데 이들의 친절함에 이른 새벽부터 달려온 피로가 조금은 가시는 듯 했다. 과거에는 목에 거는 ID카드 형식의 입산허가증이었다고 한다.

점봉산 생태관리센터는 해발 715미터 정도로 곰배령 마루 1164미터까지는 완만한 흙길로 400여 미터 정도의 고도를 높이면 된

다고 하니 마음에 큰 부담이 되지 않았다.

곰배령은 생태관리센터에서 마지막 통과 시간이 11시 20분이며, 12시에는 강선마을 감시초소를 통과하여 14시에는 곰배령 정상에서 하산을 시작하여야 한다.

그리고 16시에는 센터에 도착하여 입산허가증을 반납해야 한다고 했다.

늦게 도착한 관계로 시간 내에 강선마을 초소를 통과하기위해 걸음을 재촉했다.

오르는 길에는 개울이 나오면서 계곡 따라 서늘한 바람이 불어와 정말로 좋았다.

탈을 만드는데 사용한다는 까치박달나무, 예로부터 나무껍질을 섬유로 이용했다고 하는 찰피나무를 볼 수 있었는데 뒷면에 흰색 털이 있어 피나무와 다르다고 한다. 그리고 자작나무과 거제수 나무팻말이 나오는데 줄기의 껍질이 하얗고 종이처럼 쉽게 벗겨지며 기름기가 많아 잘 썩지 않고 수재(水災)를 막아주는 나무라 해서 거재수 나무라고도 한단다.

거제수(巨濟樹)도 고로쇠나무처럼 수액을 받아먹는 나무로 건강을 크게 다스리는 나무로 그런 이름이 붙었다고 한다. 거제수를 거재수(去災水) 나무로도 부르는 것은 거제수나무 수액의 약효가 좋은데서 나온 말이라고 한다.

강선리 삼거리에는 각기 다른 모양의 길 안내판이 우리를 맞아주었는데 오른쪽으로 오르자 울창한 잣나무 숲을 볼 수 있었고 높다란 잣나무들이 강선마을을 방문하는 우리일행을 환영하는 것 같았다. 강선마을 끝에는 일찍 도착하여 벌써 하산하신 분들로 보이는 탐방객들이 음식점 평상에 여기저기 앉아 있는 모습을 볼 수 있었고, 맑은 개울의 징검다리를 통과하자마자 출발 2.2킬로미터

지점에 입산허가증 확인 초소가 나오고 약간 가파른 오르막길이 본격적으로 시작 되었다.

산길은 좁아지고 조금씩 오르막이 나오기도 했지만 길 가운데는 가끔 돌이 한 두 개씩 박힌 완만한 숲속 길로 계곡은 점점 깊어지고 개울은 점점 멀리 아래로 보이며, 원시림 속에서 들려오는 물소리 새소리 바람소리는 나무사이로 갈라져 내려오는 햇살과 어우러져 하나의 칸타타가 되고 있었다.

조금 더 오르다 보니 〈국가 장기 생태모니터링지도 안내(점봉산 신갈나무 전나무)〉라는 플래카드와 텐트와 함께 훼손하지 말아달라는 문구가 나왔다.

설악산 국립공원 남설악의 중심이 되는 점봉산(해발 1424미터)은 백두대간의 한 구간으로 멸종위기의 동 식물이 자생하는 생태, 지리적으로 보전 가치가 높아 유네스코 생물권보존구역으로 지정 되었으며, 2011년 설악산국립공원에 편입되었으나 1987년부터 산림유전자 보호구역이 되어있는 관계로 산림청이 관할한다고 한다.

강선마을을 1.4킬로미터 지나온 지점부터는 땀이 제법 많이 나기 시작 했는데 산위에서 불어오는 시원, 서늘한 바람은 땀을 식혀주기에 충분 했고 기분을 상쾌하게 해주었다.

정상 1.3킬로미터 남겨놓은 지점부터 조금씩 가팔라졌지만 정상이 얼마 남지 않았다는 기대감으로 조금 더 박차를 가했다. 잠깐 땀을 닦고 숨을 돌린 후 0.3킬로미터를 더 올라가니 하늘이 열리는 느낌과 함께 훤해지며 가슴이 탁 트이는 펑퍼짐한 〈곰의 배〉!! 5만 여 평에 달한다는 정상부에 펼쳐진 곰배령 마루 평원이 나왔다.

점봉산 일대는 일반인 출입이 금지 되어 왔었는데 현재는 진동리에서 강선마을을 거쳐 곰배령으로 오르는 5킬로미터의 일부 구간만 생태탐방지역으로 개방하여 인원을 제한하여 탐방하게 하는 관계로 사전 인터넷 예약 없이는 함부로 오를 수 없고 또한 오지(奧地)이기에 우리는 선택 받은 1일 생태탐방자가 되었는지도 모른다.

어떤 이가 말했었는데 곰의 배에는 다른 신체부위에 비해 털이 짧다고 한다.

그래서 곰배령도 지형 상 곰의 배처럼 수목은 울창하지 않으리라 생각했었다.

가래나무가 있는 점심식사를 했던 지점에서는 활엽수가 많아 그늘이 졌었지만 정상은 천상의 화원이란 말처럼 야생화들이 꽉 들어찬 5만 여 평에 이르는 평원에 가까운 고갯마루였다.

이 고갯마루를 비행기가 없던 아주 옛날에, 사람들이 가까운 작은점봉산(해발 1295미터)에서 내려다보았거나 조금 떨어진 호랑이 코빼기(해발 1219미터)에서 내려다보고 거대한 곰이 하늘로 향해 누워있는 것 같다 해서 곰배령 이라 불렀으리라.

언젠가 기회가 된다면 헬기나 경비행기를 타고 한번 내려다보았으면 좋겠다는 생각도 들었다.

만약 여기에 나무가 자라지 못 할 정도로 바람만 거세게 불지 않는다면 사운드 오브 뮤직의 초원에서의 쥴리 앤드루스와 아이들의 나들이 장면을 연상해볼 수 있기에 충분했다.

인위적으로 잘 가꾸어진 정원에 익숙한 우리들이기에 얼른 보기에는 아무렇게나 흐드러져 핀 것 같지만 각자의 적응력과 공존의 질서로 다듬어져 있었기에 우선보기에는 화려하다거나 깔끔하게 조경된 느낌이 나지 않을 런지는 몰라도 자세히 들여다보면 바람따라 자연스럽게 몸놀림과 잎 피움과 꽃 피움을 질서정연하게 하고 있음을 느낄 수 있었다.

순천 세계정원박람회장의 인위적으로 꾸며진 잔디 동산보다 자연이 만들어낸 능선이 훨씬 더 자연스럽다는 의미도 여기에 있다.

표면은 헝클어져 보이지만 안으로 들어갈수록 잘 정돈되어 있었고 또한 눈 비 바람에도 굳건히 살아남아 각자가 개화기에는 날 보란 듯이 꽃을 피우고 열매를 맺는 성실함과 거센 바람에도 온몸이 흔들리면서도 낙화되지 않고 그대로 꽃을 달고 있는 끈질긴 야생화들의 강인함과 이들만의 적자 생존방식에 박수를 보내고 싶었고, 악조건에서 피었기에 더 값어치가 있다고 말하고 싶었다.

야생화들은 나에게 사람을 외모만 보고 평가해서는 절대로 안 된다는 것을 말해주는 듯 했다.

사람들은 보통 동물이름은 잘 알지만 식물 이름은 가지 수가 많아서 그런지는 몰라도 잘 모른다.

야생화의 이름도 사람들이 다 붙여 놓았겠지만 이들의 이름을 알고 불러주지 못함이 정말 미안하다는 생각이 들었다. 이제 부터라도 꽃들의 꽃 피운 모습이나 잎사귀 모양이나 특징적인 자태를 하나하나를 외우거나 기억해야 되겠다는 생각을 했다.

대부분의 사람들이 산에 오르면 식물을 구분하는 분류학을 전공하지 안했거나 어릴 적부터 자연공부를 하지 않아서 그런지는 몰라도 거의 까막눈 수준이다.

아는 만큼 보이는 법인데 같이 야생화사진을 찍어도 꽃 한 송이 한 송이 발견해서 그 특징을 잘 찍어 내는 사람이 있는가 하면 전혀 눈에 야생화가 잘 들어오지 않는 사람들이 더 많은 것 같다.

약초의 성분분석을 전공한 사람도 해당 식물군에 대해서는 잘 알아도 범위를 벗어나면 잘 모르는 일이 가끔씩 일어나는 이유도 알만했다.

학창시절 약용식물학, 생약학 강의 시간에 배운 꿀풀과 식물의 특징이나, 꽃 모양이나 화서를 보고 산형과식물, 초롱꽃과 식물, 국화과 중에서도 일부 식물만 이름을 알고 있는 처지라 야생화를 알기위해 흘리는 땀방울의 숫자만큼 야생화의 이름도 더 외워질 것이라는 생각을 해봤다. 예를 들면 꿀풀과 식물의 특징인 네모난 줄기와 꽃이 순형인 점이나 기타 식물들의 개화기(봄, 여름, 가을, 겨울)나 꽃의 색깔(흰색, 노란색, 녹색, 붉은색)등을 중심으로 야생화 공부나, 기회가 되면 식물 분류학 공부를 좀 더 해봐야겠다는 생각이 들었다.

좀 엉뚱한 상상이지만 지구 온난화로 변화된 기후에 적응이 어려워 새로운 서식지를 찾아 지리산의 반달곰이 백두대간을 따라 올라와 백두대간의 점봉산에 도착한 후 작은 점봉산을 거쳐 곰배령에 도착해 달밤에는 곰배령에서 노닐기도 하고 원시림이 우거진 곰배령 오르는 길 숲속에서 잠을 잘 수도 있겠다는 생각을 해보았다.

곰배령에서 데크가 설치된 곳은 곰을 인체에 비유한다면 임맥이 흐르는 자리를 중심으로 놓여져 있었는데 사람들이 거의 매일 밟고 다니며 경락을 마사지해주니 암컷의 곰이라면 임신이 안 될 이유가 없겠구나 하는 생각을 잠시 해보았다.

곰의 배 한가운대를 산책로처럼 설치해 놓은 데크의 방향과 작은 점봉산의 위치가 사진에서 본대로 그대로였다. 이 때까지는 보통 현장에 가보면 상상했던 좌향이 빗나가는 경우가 거의 대분 이었는데 이번에는 꿈속에서 본 듯한(마치 데자뷰 같은) 바로 그곳, 내가 생각했던 그 자리 그 좌향 이었다.

요즈음 전국 어디를 가나 데크가 유행이다.

나는 데크가 설치된 난간에 기댈 때는 언제나 테크라는 말이 들어가는 유행가를 떠올리는 버릇이 있다.

푸르른 달빛이 파도에 부서지면
파이프에 꿈을 실은 첫사랑 마도로스
데끼((뱃전)에 기대서면 그날 밤이 그립구나
항구마다 정을 주고 떠나온 사나이
그래도 첫사랑 맺은 님을 잊을 길 없네

데크(데끼)란 원래 배의 갑판을 뜻하는 말로서 요즈음은 나무나 다른 합성재질로 만들어 특히 공원이나 등산로 등지에 설치해놓고 사람들이 데크라고 부르고 있다.

이 데크가 사람들이 지나가기 좋게 만들어 놓고 정해진 길로만 다니게 하여 자연훼손을 막는 순기능도 있겠지만 데크가 설치된 부분은 자연훼손을 할 수밖에 없기에, 대를 위해서 소를 부득이 희생시킬 수밖에 없는 경우라는 생각도 들지만, 원래는 자연 그대로가 더 좋다는 생각을 해본다. 여기 곰배령도 데크가 설치됨으로 인하여 데크가 바람 길을 막아 야생화의 생육이나 성장에 지장을 초래한다는 소리를 들었다.

곰배령은 온대 한대 경계선이다 보니 다양한 식물분포와 시시각각 기류변화를 경험할 수 있다.

한반도 자생식물의 남북방한계선이 맞닿는 곳으로서 점봉산 일대는 자생종의 20%에 해당하는 8백 54종의 식물이 자라고 있어 온갖 꽃과 나무들이 모여 자생하는 산으로 유네스코가 지정한'생물권보존지역'이다. 그래서 곰배령을 탐방 시에는 발걸음을 옮길 때마다 조심해야 되겠다는 생각이 몇 번 들었었다.

오후 2시가 가까워지자 우리일행은 하산을 했는데 올라 올 때와는 달리 다소여유를 갖고 여기저기를 바라보며 노래도 불렀다.

한참을 내려 오다보니 길 근처에 몇 군데 땅이 파헤쳐진 흔적이 보였는데, 멧돼지가 밤새 휘뚜루마뚜루 들쑤셔 놓는다고 한다. 멧돼지는 독초의 뿌리를 캐먹고 몸 안의 기생충을 배출하고 단백질 보충에 필요한 해충이나 벌레를 잡아먹기도 하고 땅을 파헤침으로 해서 땅을 갈아엎어 토양을 숨 쉬게 하는 역할도 한다는 이야기를 들으니 멧돼지의 서식이 꼭 나쁜 것만은 아니며 존재하는 것은 다 그 이유가 있다는 말이 생각났다.

고은 시인의 "내려갈 때 보았네 올라갈 때 보지 못한 그 꽃"이라는 인생철학이 담긴 시를 읊조리며, 참나무, 소나무, 전나무 등의 구분법과 구별법을 표시해놓은 안내판의 사진도 찍고 올라올 때 그냥 지나쳐 버렸거나 미처 못 본, 샛노란 마타리꽃, 불쑥 머리를 내민 당귀꽃, 7월 산행 시에 울진 금강소나무 숲길에서도 보았던 눈에 잘 띄는 동자꽃, 이질풀, 둥근이질풀, 하얀 참취꽃, 노란색의 곰취꽃, 금강초롱, 애기앉은부채, 속새, 물봉선, 두메고들빼기, 톱풀, 그리고 큰 고사리처럼 생겨 숲속을 압도하는 관중과 울릉도에서는 삼나물로 불리는 눈개승마의 꽃도 찍었다.

요즈음 매달 가는 등산이지만 등산의 즐거움 못지않게 산행 시에 찍은 사진들을 보는 즐거움 또한 대단하다. 같이 간 몇 분이 정성들여 찍어준 사진 한 장 한 장을 보며 즐거움도 느끼지만 이 번처럼 여름야생화의 꽃 피는 시기를 놓쳐서 그런지는 몰라도 내가 직접 찍은 몇 장 안 되는 야생화사진을 아쉬워하며, 이들 야생화의 이름을 확실히 다 모르는데 대하여 답답함을 느끼고 있다. 산행 시 원시림과 무성한 초목들을 보며 불렀던 가황 남인수 선생님의 청춘무성(青春茂盛)이란 노래를 소개하며 답답함을 풀어보고자 한다.

철이 가면 진다고서
내 젊은 가슴 속에
심어진 사랑 꽃이
반드시 시들 소냐
보아라 젊은 가슴
꽃피는 젊은 가슴
사랑도 한 때
이별도 한 때란다
젊은 날의 꿈 이란다

비바람이 분다고서
내 젊은 가슴속에
켜여진 희망등이
쉽사리 꺼질 소냐
보아라 젊은 가슴
불타는 젊은 가슴
웃음도 한 때
눈물도 한 때란다
젊은 날의 꿈 이란다

세월 따라 깨진대서
내 젊은 가슴 속에
쌓아 올린 순정 탑이
덧없이 깨질 소냐
보아라 젊은 가슴
쇠 같은 젊은 가슴

맹세도 한 때
원망도 한 때란다
젊은 날의 꿈 이란다.

천상의 화원이 생각보다 화려하려 하지 않음에 첫 번째 놀랐고 바람이 너무 거셈에 두 번째 놀랐고, 야생화의 보고임에 세 번째로 놀랐던 곰배령과 사랑스런 야생화가 벌써부터 그리워진다.

이들은 해마다 다시 꽃을 피워 젊음을 뽐낼 수 있기에 "화무십일홍"이란 말은 인간을 꽃에 비유한 말이지 야생화를 두고 한 말은 아니리라는 생각을 해본다.

이 글을 마무리하며

"청춘 시절이 행복한 이유는 아름다움을 보는 힘이 있기 때문이다. 아름다움을 보는 힘을 잃지 않는 자는 결코 늙지 않는다."는 프란츠 카프카의 말을 떠 올려본다.

유영준

시인, 수필가, 약학박사 경북 울릉 출생
영남대학교 약학대학, 대학원 졸업
제 37회 약사문예(일양약사문학상) 시 부문 당선
2011년 한국문학신문 신춘문예 시 부문 당선
한국문인협회 회원
(사)대한민국국보문학협회 시 분과 부회장
(동인문집)〈숨은 행복〉〈내 마음의 숲〉〈울릉문학〉
대구광역시 현풍 경북약국 대표

조밧 ᄇᆞᆯ리기

강만구

처음 송아지를 입식하였을 때는 느끼지 못하였으나 한해가 지나고 보니 어느새 어른이 되어 둥치가 커짐에 따라 먹어치우는 량이 대단하다. 사오면 되겠지만 그것도 한계가 있어 틈틈이 농가에서 버리는 부산물을 실어왔다.

지인께서 조를 탈곡하고 난 뒤 짚을 실어가란다. 콩꼬질[1] 과 더불어 소가 좋아하는 여물이다. 둘이서 휴일을 쉬지 않고 하루 종일 실어오니 축사 마당이 그득하다. 몸은 피곤하나 마음은 푸짐하다.

몇 십 년 전에는 일용할 식량 마련을 위하여 ᄋᆢ름 작물로 보리 뒷그루에 조 농사를 많이 지었다. 고구마와 콩은 환금작물이니 산도山稻와 조만 식량작물인 셈이다. 또한 조는 비교적 생육기간이 짧고 김매기도 씨 세우기를 포함하여 세 번이면 끝나니 다른 작물보다 손이 덜 가는 것이다.

ᄋᆢ름에는 보리밥이, 겨울에는 조밥이 주식이다. 톳이나 고구마를 넣어 양을 늘려서 한겨울을 생명을 유지하던 것이 조밥이다. 여유가 있는 집은 차조, 다른 농가는 메조로 밥을 지었다. 생활이 나아지며 귀한 하얀 쌀이 식탁을 점령하더니 생산성을 계산하는 시대라 소문 없이 멸종단계까지 와 버렸다. 종자산업 보호차원에서 일본까지 흘러간 종자를 다시 들여와 '한라찰' 이란 이름도 붙여주어

농가에 보급시키고, 비록 주곡에서 밀려 났지만 '모인조(메조)' 는 새 모이로 '흐린조(차조)' 는 호사가들이 옛 맛을 찾아 수요가 생기니 몇 몇 농가에서 재배하고 있는 것이다.

모든 농ᄉᆞ農事는 밭을 갈고 씨를 뿌리는 파종에서 부터 시작된다. 묘를 길러 옮겨 심는 것은 별개로 치고 '씨를 뿌린다.' 한다. 조도 밭을 갈고 씨를 뿌리기는 다른 농사와 과정이 같지만 뿌린다고 하지 않고 '밧을 ᄇᆞᆯ린다.' 라 부른다.

조팟을 ᄇᆞᆯ릴 때는 산과 들에서 말떼를 몰아오고 씨를 골고루 뿌리고 나서 말에게 밟아주도록 한다. 한 사람이 앞에서 선두 말을 인솔하면 나머지 말들은 흩어지지 않도록 뒤에서 밟아 가는데 빠진 곳이 없도록 하여야 한다. 밟아주는 이유는 제주도 땅은 대부분 화산회토 뜬 땅이라 물기가 많지 않아 바람에 흙과 씨앗이 날아가는 것을 방지하고 뿌리 활착이 잘되기 위함이다.

6월 ᄌᆞ작벧[2] 아래서 앞말을 끌거나 따라 뛰면서 효율적으로 밟게 하는 일은 생각보다 어려운 중노동이다. 선두 말을 끄는 것 보다는 뒤에서 모는 게 수월하기는 하나 아이가 모는 것을 안 영특한 말들은 무리를 벗어나려 하니 그를 막는 것도 수월한 일은 아니었다. 같은 일을 뱅뱅 돌면서 반복 작업을 하는 것이니 사람이나 말이나 어찌 지치지 아니하랴. 그때 아버지는 노동요인 '조ᄇᆞᆯ리는 노래' 를 불렀다.

'이 버덕서 놀던 말아 저 산중에 놀던 말아……. 어려려려령 어려려 돌돌돌'

직장 생활을 할 때 회식자리에서 한 모 상사께서 이 노래를 부르는데 악보나 가사도 없고 별도로 배우지는 않았을 것이로되 어떻게 그렇게 구성지게 불러 제쳐대는지 부럽기까지 하였다. 이 분은 고향이 산간 마을이다.

---

1) 콩꼬질 : 콩깍지
2) ᄌᆞ작벧 : 뙤약볕

반 뼘 정도 자라면 씨 세우기를 겸한 초블(벌) 매기, 두블(벌), 세블(벌) 매기를 하다보면 8월 중순이다. 이제는 제초제가 일반화 되어 씨 세우기로만 마무리 하니 얼마나 노동이 줄어든 것인가. 제초제는 모든 생명을 앗아가는 것인데…….

초등학생이 무슨 도움이 되었으랴마는 방학에는 해 뜨기 전 새벽에 일어나야 했고 손이 보이지 않게 어두워서야 그날 일을 마무리 하였다. 나는 일요일에 비가 오기를 바라고 할머니나 어머니는 비가 오지 않기를 바라는 일도 벌어졌다. 풀을 뽑다가 비가 내리면 아이는 집에 가자하고 어른은 금방 갤 것 같다고 달래곤 하였다. 노동력도 필요하였지만 어릴 때부터 농사의 어려움과 일하는 것을 알도록 하는 배려였을 것이다.

추석이 지나고 산들바람이 불기 시작하면 고고리[3]를 숙이기 시작한다. 금년 세 번이나 몰아친 태풍에도 강한 것은 살아남아 출수를 하였으니 끈질긴 생명력이 이땅에 발 붙여 살아온 농민을 닮은 모양이다.

이제는 사람이 낫으로 베고 탈곡하지 않는다. 수확에서 탈곡, 운반, 말리기까지 기계가 사람을 대신한다. 수확된 조는 용처에 따라 메조, 차조로 구분하여 용처별로 팔려나간다. 집에는 들와보지도 않고 팔려버리니 이제는 식량작물이 아니라 환금작물로 바뀐 것인가.

짚을 주니 ᄀᆞ름 내내 건초만 먹어야 했던 소들이 싱싱한 풀 냄새를 맡고 니치름을 흘리고 코를 킁킁 거리며 서로 먼저 먹겠다고 난리다. 힘이 약한 녀석은 뒤로 물러나고 강한자가 우선이다. 골고루 먹도록 나눠주니 '수악수악' 먹는 소리가 축사에 퍼지고 옆도 보지 않는 식탐이 가관이요, 잘 씹지도 않고 우선 폭풍흡입이다. 어미는 애기 목구멍으로 밥 넘어가는 소리에 모든 온갖 시름을 잊는다는

데 소가 짚을 먹는 것을 보면서도 같은 느낌이다.

소는 우선 적당하게 짤라 먹고 난 다음에 포만이 되면 그때서야 느긋하게 앉아 조는 듯 두 눈을 감고 되새김질을 하게 된다.

조건 없이 실어가도록 배려한 농민께 감사하며 이렇게 좋아하는 것인데 할 수만 있다면 앞으로 시간을 날라다 주리라 생각하고 소가 먹는 모습을 보며 발을 쉽게 뗄 수 없었다.

2012. 10

강만구

제주대학교 경영대학원 석사과정 수료. 경영학 석사
월간 국보문학 수필 부문 신인상 수상(푹게)
(사)대한민국국보문학협회 제주특별자치도지회장
「내 마음 숲」 동인
한국문학신문 문학상 수필부문 대상 수상(2012)
저서 : 「늘 현역으로 살 10009의 口尙乳臭한 이야기들」

책을 선물하는 사회, 동네 책방을 살려야

심은석

산과 들에 가을 햇살이 가득한 설레이는 추석명절이다.

무더운 여름을 인내한 과일이 익어 가는 향기가 황금빛 들녘에 가득하다.

올 추석은 어느 때 보다 풍요로울 것이다. 푸근한 고향 정취 속에 모든 분의 안전한 귀성과 행복을 기원한다.

9월은 독서의 달이다. 책 읽기 좋은 계절이다. 올해 귀성길에는 친지들에게 시집을 선물하면 어떨까? 그리고 고향 가을을 느끼며 들녘에 누워 책을 읽어보면 어떨까

그 속에서 파란 하늘 보다 더 높은 삶의 향기를 느껴 보면 어떨까?

따사로운 햇살 보다 더 따뜻한 사람들의 이야기를 들어 보면 어떨까?

며칠 전 어느 멀리 있는 산사(山寺)에서 귀한 책을 선물 받았다. 연꽃으로 포장한 책이 두권, 먼 거리를 달려 왔을 우체부의 수고로움이 스님의 마음속에 녹아 나서 내게로 왔다. 스님의 안부 편지에는 따뜻한 삶의 이야기가 전해 졌다.

어느 추석선물 보다도 기쁜 마음으로 뛰는 가슴을 열고 책 갈피를 열었다.

우리네 삶의 일부였던 동네 책방이 사라지고 있다.

20년전 5800개였던 서점들이 1700 여개로 70% 감소했다고 한다.

사람들을 만나고 새로 나온 책을 찾아보고 오랜 시간을 책속에 묻히는 공간을 제공하던 서점들이 사라지고 있다. 책 방은 책을 파는 곳이 아니라 문화를 팔고 마음을 파는 곳이었는데 어디 정 붙일 곳들이 사라져 가는 것 같아 안타깝다.

문득 어렵게 찾은 동네의 작은 책방에 가서 신간 잡지와 책들을 보려면 주인이 다가와 무엇을 찾으시냐고 물어 본다. 딱히 사려는 책을 맘 먹고 온 것이 아닌데, 책이 안 팔리는 동네 책방에 모처럼 찾아 온 작은 손님이 반갑지 않겠는가?

책 안 사려면 여긴 왜 왔느냐는 눈짓에 아련한 추억속에 책 방에서 책을 읽는 기쁨을 접고 빨리 일어나기도 한다.

세계화, 정보화의 거침없는 흐름속에 동네책방은 '옛 것' 으로 취급 되고 있다.

하지만 요즘 선진국에서는 책방에 대한 생각들이 바뀌고 있다.

프랑스인들에게 서점은 그 흔한 빵집과 마찬가지로 '동네에서의 삶' 이라고 한다.

서점이 책이라는 물건을 사고파는 가게라기보다는 프랑스인들은 문화가 있고 소통이 있어서 사람 사이에 관계가 살아 있는 공간으로 생각하기도 한다.

그들이 동네책방의 위기 속에서도 어떻게든 지켜 보려는 생존에 공동체가 함께 노력한다.

함께하는 문화는 동네의 작은 서점에서 책을 읽으면서 만들어지지 않을까?

문화 시민을 자부하는 프랑스인들은 동네에서 쇠락하는 작은 책방들을 쉽게 포기하지 않을 것 같다.

세계 최고 거부인 빌 게이츠를 만든 것은 동네 작은 도서관이라고 한다.

작은 도서관과 책 방에서 책 읽는 습관을 만든것을 하버드대학 졸업장보다 더 중요하게 여겼다고 한다.

국내외 수 많은 유명 작가들의 어린 날은 동네 도서관이나 책방에서 책 속에서 키워 졌다.

옛 선조들은 세상에서 가장 좋은 소리가 아기울음소리와 베 짜는 소리와 책 읽는 소리라고도 한다. 요즘도 광고 카피에는 세상에서 가장 아름다운 소리는 책 읽는 소리라고 한다.

가을은 독서의 계절이라 한다. 9월은 책의 계절이다. 올 추석에는 한권의 책이라도 읽어 보면 어떨까? 그리고 책을 선물하면 어떨까? 책을 살 때는 10% 싼 온라인 서점보다 작은 동네 책방에서 정가를 주고 사면 어떨까?

동네 서점은 단순히 책을 파는 곳이 아니라 우리 문화를 팔고 삶의 가치를 높이는 장소가 아닐까? 많은 음식점과 옷가게와 노래방과 PC방, 스마트 폰 가게는 즐비하지만 그 많던 서점이나 책 대여점은 찾아 보기 어렵다. 학교 앞에 문방구와 함께 몇 권 학교 참고서를 취급하는 작은서점들이 근근히 유지 되고 있다.

시대가 바뀌고 문화와 삶의 양식이 바뀌며 도심의 많은 풍경을 바꾸어 놓을 것이다.

서민의 발이라는 시내버스에는 적자를 보전하려 준 공영제를 운영하며 지자체에서 예산으로지원하고 있다. 구청마다 많은 예산으로 공공 도서관을 짓는다. 공원을 짓고 도로를 내고 편의 시설을 설치한다. 물론 필요하고 당연한 시설이다.

동네 서점은 날마다 찾아오는 손님들에게 새 책들을 무한히 읽도록 책과 장소를 제공한다. 시장논리에만 맡기기에는 지역 공동체의 지원이 필요하지 않을까?

서점 주인들은 손님들이 새 책을 서점에서 이것저것 읽어 보고 구입은 할인을 받는 인터넷 서점이나 대형 할인점을 이용하기도 한다고 하소연 하기도 한다.

얼마 전 서울 성동구에서 동네 책방 살리기 행사가 있었다고 한다.

우리 어린 날, 새로 나온 책들을 몇 시간이고 거리낌 없이 읽어 볼 수 있었던 서점,

그리고 사람들이 북적이며 책을 구입하고 헌 책 방에서 책을 바꾸어 가고 책 대여점에서

마음대로 책을 고르던 추억이 새롭다. 책 속에 길이 있다는 말도 있다.

책을 사보는 것은 어떤가. 책을 선물 하면 어떤가, 쇠락하는 작은 동네 서점이 책도 팔고 사람들이 책을 읽고 대화하고 소통하는 문화 공간으로 자리잡도록 도와 주면 어떨까?

이제는 사라지는 것들에 대한 애착이 아니라 진정 우리가 잃어버려 가는 것은 없는지

안 스러운 마음이다.

갑을(甲乙) 문화를 탈피하여 감정 노동자에도 배려와 존중을

석가탄신일을 포함하여 3일 연휴다. 차량이 부쩍 늘었다.

엊그제는 세종정부청사 우회 1번국도, 주추 지하차도에서 화물차의 화재가 발생했다.

지하차도만 2km로 국내 국도중에 가장 긴 터널이다. 신속하게 멀리 교차로부터 차량진입을 차단, 우회하고 이미 진입한 차량들은 후진으로 대피시켰다. 차량 화재는 소방서에서 신속히 진압하고 40여분 여 만에 인명피해 없이 정상 소통 되었다. 대형 터널에서의 교통사고나 화재는 대형사고로 번질 수 있다. 매캐한 유독성 연기가 가득한 터널에 갇혔다면 위험 하고 두렵지 않겠는가? 터널이나 교량을 운행 할 때는 과속이나 추월을 자제하고 특별히 주의하는 안전운행을 해야 한다.

산과 들에는 봄을 즐기려는 상춘객이 가득하다. 사찰마다 부처님 오신날을 축원하는 봉축 법요식이 열렸다. 각 사찰마다 교통경찰과 순찰차를 배치하여 교통관리와 질서, 범죄예방에 주력했다. 2,557년 전 부처님이 오신 뜻은 세상을 평화롭게 하고 모든 생명의 고통과 아픔을 치유하고 모든 만물을 사랑하시려는 것 아닌가?

그 뜻은 국민의 어려움과 갈등,

범죄없는 평화롭고 안전한 세상을 위한 경찰의 사명과 같은 것이 아닌가?

연일 우리나라의 후진적인 갑을(甲乙)문화에 대한 비판이 보도되고 있다.

갑의 횡포, 단가 후려치기, 대한항공 승무원폭행, 남양유업 대리점주에 밀어내기 관행등에 비난이 이어지고 있다. 윤모씨의 국격을 훼손한 성추행사건도 왜곡된 갑(甲)의 횡포가 잠재해 있다는 보도다.

사람은 배고픈 것은 참아도 무시당하는 것은 못 참는다고 한다.

누구든지 무시당하면 분노하고 끔찍한 범행으로 연결 되기도 한다.

타인을 무시하고 폭언하는 것은 상대방에게 큰 상처가 된다.

나는 갑(甲)으로 우월적인 지위에 있다는 잠재 심리가 을(乙)을 무시하는 것은 아닐까?

인간은 감정의 동물이다. 감정이 없는 인간은 돌과 나무와 같은 존재일 것이다.

감정이 있어 사랑과 인간의 존엄을 알고 선을 알고 정의로움을 알고 있는 것이다.

인간이 감정을 숨기고 절제하면서 살아가지만 그 근원적인 속성은 언제든지 폭발 할 수 있다.

국내에는 실제 본인이 느끼는 감정과는 무관하게 틀에 박힌 행위나 감정으로 고객을 대해야 하는 감정노동자가 600 만 명에 이른다고 한다. 감정을 숨기고 자신을 삭이면서 다른 사람의 감정에만 맞추어 주어야 하는 직업이 많다고 한다. 사실 인간사이의 모든 관계가 감정에 얽매이고 말 한마디가 천 냥 빚을 갚는다고 하는 것처럼 누구든지 감정의 틀 속에서 살고 있다. 자기 감정은 억눌러야 하는 감정노동자들은 예속된 편파적인 계약속에서 감정을 절제하며 일해야 한다.

국내 감정 노동자의 설문조사에 따르면, 70%는 상사, 동료들에게 폭언, 무시를 당했다고 하고, 9%가 성희롱을 경험했으며, 64%가 고객으로부터 심한 스트레스를 받았다고 한다.

감정 노동자는 분노가 치밀어도 웃어야 한다. 감정노동자들이 고객으로부터 욕설이나 인격모독을 당했을 때 취할 수 있는 매뉴얼과 법적 안전장치가 별도로 없다. 편의점, PC방에서의 아르바이트생들이 겪는 인격모독이나 폭언은 상상 이상이라고 한다.

최근 전 선관위원장의 편의점운영에서 가장 어려운 것이 고객들의 무시와 폭언이라는 말은 의미 심장하다. 감정노동자의 스트레스는 산업재해와 범죄, 사고의 위험성을 안고 있다.

손님이 왕이라는 고착화된 사회인식, 내가 주인이고 너는 종이라는 생각이 은연중에 있다면 바뀌어야 한다.

가끔 파출소에 난입하는 주취자들이나 민원인들은 내가 낸 세금으로 니들 먹고 살면서 이렇게 근무하면 되느냐며 호통치고 멱살을 잡고 큰소리 치는 사람들을 본다. 국민이 주인이고 너희들은 봉사해야 되는 종이라는 말도 한다. 최근 사회 복지사들이 살인적인 격무와 민원인들의 폭언과 협박에 시달리다가 자살하는 안타까운 사건도 많다.

복지혜택을 제대로 안 준다며 협박, 폭언을 더는 참을 수 없었다고 한다.

가끔 흥분한 민원들이 서장실로 들어와서 장황하게 경찰관이 불친절하다면서 소리치는 사례를 접한다. 그분들의 주장에 전혀 이유가 없는 것은 아니지만 막무가내로 자기주장만 하는 사례도 많

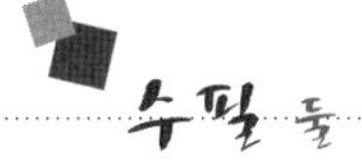

다. 대한민국은 국민이 주인이고 자유 민주주의 국가이다. 개인의 권리와 자유, 인권은 최상으로 존중 되어야 한다. 그리고 경찰공무원, 사회 복지 공무원, 감정 노동자들도 모두 소중한 국민이다.

하지만 자기의 책임과 준법은 뒷전이고 법과 규정을 들먹이며 온갖 생떼를 쓰며 공무원들을 상습적으로 괴롭히는 민원인들에 대한 대책은 부족하다. 트집을 잡거나 큰 소리치고 귀찮게 하고 겁을 주면 원하는 목적을 달성하기도 한다. 흔히 공무원들은 악성민원인이 무서워서 피하냐? 더러워서 피하지 하면서 자위하기도 한다.

친절 봉사를 최고의 덕목으로 하는 공무원들과 대다수 감정 노동자들은 열심히 일하면서 고객을 왕으로 모시고 최상의 서비스를 하려고 한다. 물론 그중에 극소수 잘못된 사람도 있을 수는 있다. 하지만 국민 권익위, 고충 처리위, 인권위 등 많은 기관들이 공무원의 불친절한 사례를 적발하고 시정하기 때문에 매사에 조심하면서 최선을 다해 서비스 하려 한다.

상습 악성민원이 많을수록 평생에 한번 민원을 제기하는 선량한 민원인이 피해를 입는 사례도 발생한다. 통상적으로 공무원이 악성 민원인에게 시달리거나 상급기관에 처벌해 달라는 민원이 접수되기라도 하면 몇 날, 몇 밤을 잠 못 자고 고민할 것이다. 그 스트레스와 고민은 상상을 초월할 것이다.

이제 우리나라는 잘사는 선진국, 법과 원칙 그리고 상식이 통하는 투명한 사회다.

지금까지 고객은 왕이라는 생각으로 자기 기분 내키는 대로 감정 노동자들에게 무시와 폭언이 정당화 되지는 않았을까? 경찰관이나 공무원에게는 내가 낸 세금으로 일하는 사람들이니 함부로 하거나 큰 소리쳐도 된다는 생각은 없었는가?

더불어 사는 세상, 배려와 존중이 가득한 사회, 양보하고 존중하는 사회, 부처님이 이 땅에 오신 진정한 뜻은 사람은 평등하며 누구든지 존중받는 세상, 평화로운 세상을 염원하여 오신 것이 아닌가?

따뜻한 햇살과 맑은 바람이 부는 장군산자락 영평사에서 부처님 오신날, 봉축 법요식을

많은 분들의 발원과 소망이 함께 한 참 좋은 하루였다.

심은석

충남 공주 출생, 공주사대부고
경찰대학 4기 졸업, 한남대 대학원 졸업(행정학박사)
미국 FBI 아카데미 218기 수료
대통령, 총리, 경찰청장 표창 등 50회
경찰문화대전수상(시 · 수필)
월간 국보문학 시 부문 신인상 수상
공무원문예대전수상(시), 청람문학상 수상(수필)
문예마을 신인상 등단, 중구문학, 문예마을 회원
1988년 경위로 임관, 25년째 근무 中
대전경찰청 경비교통과장, 한국문학신문 편집위원(현)
사)대한민국국보문학협회 세종특별자치시 지회장
충남 연기경찰서장, 초대 세종경찰서장(현)

손자와 세발자전거

송경태

55세 되던 해인 2005년 7월 무더운 여름날 나는 경상북도 안동에 소재하는 안동성소병원 원장실에서 조용히 앉아 들어야 했다.

'대장암 3기 진단 결과를……'

"가족에게는 비밀로 해달라"고 아픈 부탁을 하면서 병원을 나섰다.

서울행 고속버스 창가에 스치는 세상은 온통 아름다움뿐이었다. 버스를 운전하는 기사의 모습이 어찌 그리 멋있는지를 지금도 잊을 수가 없다. 동서울터미널에 도착하니 큰아들 민우가 우산을 쓰고 다가온다. 얼룩진 내 얼굴을 감출 수가 없어 그냥 보였는데 아들이 묻는다.

"아버지, 얼굴이 왜 그래요?"

"아니다, 피곤해서 그런가보다."

아들이 운전하는 행복한 차안에서 태연하게 소리 없이 통곡을 하고 있는 내 모습이 아들에게 죄를 짓고 있는 것 같았다.

그날 저녁 식탁에서 나는 비밀의 죄가 무거워 안동병원의 이야기를 털어놓았다.

큰아들이 통곡한다. '아버지의 아픔은 내 탓이라며……'

연약한 아내는 소리 없이 눈물로 운다.

두 딸 아이도 어깨로 흐느낀다. "아빠 살려 달라고……"

기도의 시간이 다 지난 후 조용한 시간이 온다. 모두 조용하다. 그리고 나는 말했다. 나의 사랑하는 식구들에게……

▲ 둘째 손자 재윤

"모두가 내 탓이다. 내가 잘못했다. 꼭 일어서서 모든 식구를 위해 일하며, 사랑하며 행복하겠노라."고

결국 나는 서울 아산병원에 입원하여 한 달여 동안 어려운 과정 가운데 치료를 마치고 2005년 8월 31일 오전에 퇴원을 하게 되었다.

"6개월만 살아도 민·형사상 아무런 이유를 제기하지 않겠다."는 서약서 한 장을 써준 채로 소중한 6개월 삶의 선물을 간직하고 가족과 함께 병원 문을 나섰다.

퇴원 후, 하루하루 삶은 고된 삶으로 얼룩진 채 땀방울을 흘리며 미사리 한강변에 있는 강변길에서 운동하며 눈물지며 하루하루를 모아가던 10월 중순 어느 날, 스산한 한강 바람을 목도리에 휘어 감고서 따스한 오후 햇살을 내 얼굴에 발라본다. 온 몸을 풀어놓고 내 마음을 꿰매어 본다. 숨죽이며 벤취에 앉았는데 아무런 힘도 없다. 내 발밑에 낙엽만 밟힌다. 오직 내 눈에는 강물만이 부럽다. 반짝이는 저 강물의 자유로움과 한없이 흐르는 힘찬 물결.

오랜 세월 동안 팔당댐에 갇혀서 기다리고 기다리다 행운의 순서를 얻어 좁은 수문 아랫쪽에 물보라를 지불하고 빠져나온 팔당물은 이제 그 유명한 한강 수 되어 유유히 반짝이며 자유를 노래하며 자유롭게 여행하며 나를 바라본다. 그리고 말해준다.

'기다려 보라고……'

그리고 또 말한다.

'기다려 보라고……'

오후에 산책하는 사람들은 아무도 내게 관심이 없다. 나는 그들

에게 관심이 많다. 어느 70대 젊은(?) 할아버지가 세발자전거를 땀 흘려 밀고 간다. 어린 손자 한 놈 태우고서 삶의 아름다운 행복이 굴러간다. 손자가 예쁘다. 세발자전거도 예쁘다.

그 노인과 손자와 세발자전거는 내 생명의 보약이 되었다. 내 인생의 꿈이 되었다. 그날 밤 온 식구가 모여 가족회의를 했다.

"우리 아들 민우를 빨리 결혼시켜서 빨리 손자를 낳아 세발자전거에 손자 태워 땀 흘리며 밀면서 살아보겠노라."고

그 뒤 8년이 지난 이 자리에 내 손자 재현이가 세발자전거를 타고 있다. 재현이 동생 재윤이도 탄다. 재윤이 동생 막내도 탄다. 3형제 모두 나와 함께 탄다. 미사리 한강변에서, 아파서 주저앉았던 그 벤취 앞길 위에서……

예쁜 내 손자들, 예쁜 세발자전거, 내가 그 자리에 서 있다. 나를 세워주신 하나님께 감사하면서 감사의 계절을 맞는다.

재현이는 지금 초등학교 1학년 재학 중이다. 나는 2010년 9월 15일 아산병원 담당의사로부터 완치명령과 함께 꽃다발을 선물로 받았다.

그 때 그 젊은(70) 노인과 그 손자도 행복하기를 바란다.

끝으로 내가 쓴 시조 한 편을 올려본다.

노년의 보상

하루를 모아모아
밥그릇에 담아가며

세월을 모아모아
땀방울에 심었는데

지팡이
짚고 서 보니
손자 놈이 서있네

송경태

서울 출생
월간 국보문학 수필부문 신인상 수상
국보문학 회원
국보문예창작대학원 수료
세종문학회 회원
한국시조사랑시인협회 회원
(사)대한민국국보문학협회 운영이사
동인문집「내 마음의 숲」 공저
현)명일해장국 운영

시 | 여섯

· 조혜순 | 또 다른 세상 외

· 김현안 | 사랑의 씨앗 외

· 차달숙 | 공중전화 외

· 정태호 | 어머니 외

· 한창현 | 흰 캠퍼스 외

· 이정규 | 짙은 정 외

· 이용수 | 결혼 50주년을 바라보며 외

· 신계전 | 두타연 외

· 전형의 | 자동판매기와 나 외

· 박희균 | 무제 외

· 나상국 | 발기하는 아침 외

· 노유정 | 바람이어라 외

· 손수여 | 널 좋아하는 이유 외

· 김찬식 | 계절의 레퀴엠 외

· 양태영 | 가는 곳 걷는 길 외

· 최민석 | 그대와 함께 외

또 다른 세상

조혜순/미건

잠이 들기 전 까지
몰입하는 감미로운 세상
고막 속으로 깊숙이 파고드는
아름다운 자신의 세계로
이유 없는 반란은 시작되었다

어지러운 달팽이관을 따라
돌고 있는 세상의 이야기들은
제각기 읊조리고 있는
곡조의 높낮이에
가슴을 할퀴고 눈물을 쏙 뺀다

말없이 데구루루 구르는
뜨거운 설움에 북받치는 감명은
짜디짠 소금기로 입안에
흥건히 퍼지기 시작하고

이제 막 걸음을 시작하려는
자신만의 경로를 찾으려고
밤새 별들과 눈을 맞춘다.

바꿔지 않는 현실

무기력한 현실에 죽기보다 힘든
감옥처럼 어두운 현실의 고통은
피할 수 없는 최악의 통증인걸

말을 할 수 있는 능력은 있으나
소리소리 질러서
외칠 수도 없는 삶인걸

늘 멍청한 바보처럼
순종하면서 평화를 위해서
자신의 목소리를 낮추지 않으면
이웃에게 피해가 고스란히 적립된다

인내 고통 감수
인간이기에 능히 견딜 수 있는
고통을 안겨주지만
참고 입을 봉하지 않으면
결국 화는 고스란히
내가 다 뒤집어 써야 하는걸.

습관

무서운 전염병처럼
조용히 내 몸에 젖고 있네
어느 순간에 정말 편한 상태로
무섭게 진행되고 있다네

이것이 정말 편안해진다지
오히려 행하지 않으면
심한 금단현상으로
불안하고 초조하다고
어찌할 줄을 모른 체한다고

언제나 그 자리에 있는 게 당연하고
자연스러운 행동반경에
동선이 자동으로 움직여지지

다른 곳을 밟으면
낯설고 어색하기만 하고
뭔가 머릿속이 복잡하게
계산이 되어 부자연스럽지

평소 하는 것처럼 실행하지 않으면
이가 빠진 것처럼

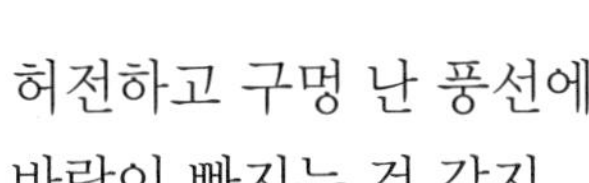

허전하고 구멍 난 풍선에
바람이 빠지는 것 같지

중심축이 부자연스럽게
움직이는 불안한 발 움직임은
괜스레 위축되는 까치 발처럼
빙판 위에서 동동거리며
발을 구르는 아이처럼

요란스런 외침은
귓전에서 확성기처럼
째질듯한 굉음이 울리기만 하는데
뱃머리의 뱃고동은 늘 먹고 뱉는
트림도 잘도 한다지

물 위를 겁도 없이 차고 나가고
남 부러울 것 없는 배짱은
늘 하던 데로
콧노래도 곧잘 부르네.

조혜순

월간 국보문학 시 · 수필부문 신인상 수상
월간 국보문학 운영위원
국제라이온스협회-355A부산지구 한마음라이온스 회원
국제웰빙전문가협회 행복지도사, 객원교수(국제웰빙201141)
국제웰빙전문가 협회 유명강사
로얄&컴퍼니(로얄상사 동부점) 자영업
(사)대한민국국보문학협회 부산광역시 지회장
제10회 한국문학신문 수필부문 최우수상 수상(2012)
시집 :「악바리」

사랑의 씨앗

김현안

그대를 본 순간
그대의 웃음은 사랑의 씨앗
그대 내게 사랑의 씨앗을 보내주세요

제 텅빈 가슴에 사랑꽃이 피어나고 있어요

왜냐구 물으시면

그대를 본 순간
제 텅빈 가슴에 그대의 사랑꽃이 웃으며 들어와
다른 사람으로는 사랑꽃을 채울 수 있는 공간이 없어요

제 작은 가슴을
그대의 해맑은 미소가 씨앗이 되어
큰 행복의 공간이 되기 때문이지요

그대가 보내는 웃음은
나를 행복으로 초대하고
큰 행복의 공간이 되기 때문이지요

그대가 보내는 웃음은
나를 행복으로 초대하고
내 텅빈 가슴에 사랑을 가득 채우지요

그대 내게 사랑의 씨앗을 보내주시면
난 그 사랑의 에너지를 배개 삼아
꽃과 나비가 춤추는 기쁨과 행복의 만찬을 준비하여
그대를 나의 정원에 초대할게요

그대 내게 사랑의 씨앗을 보내준다면……

그대 그리움

햇살은
너무도 눈부시게 내리쬐고
목마름에 단비를 그리워합니다

뜨거운 태양은
지칠줄 모르는 나를 삼키고
숨막히는 이 그리움의 목마름

태양을
적시는 유일한 길은
우선은 어두운 밤이 찾아오는 길이지요

그 시간도 내겐 너무 길게 느껴집니다

그리움을 찾아
저 하늘의 구름을 향해
비의 씨앗을 품고 대포를 쏘아
비를 내리는 축복처럼
오늘도 난 그런 비상약이 필요합니다

온 대지를 적시는 비를 내리게 하고
내 몸을 흠뻑 적시는
그대의 비를 맞으며
행복의 꿈을 안고 살아가고자 합니다

너무도 멀리 있는 그대가 보고 싶어요.

새처럼

하늘을
날으는
새들을 봅니다

매 순간 마다
날개를 퍼득이고
쉬지 않아야 나는 그 멍에

누구는 새처럼 살고 싶다고 합니다
그 진정한 고통과 수고는 잊은채

그래도
우리는 멀리 나는 새들을
그리워 합니다

떠나고 싶을 때
고통이 수반되는 퍼덕거림도 잊은채
그저 멀리 떠나고자 하는
그 마음이 크기에
그냥 떠나고 싶음을 그리워 합니다

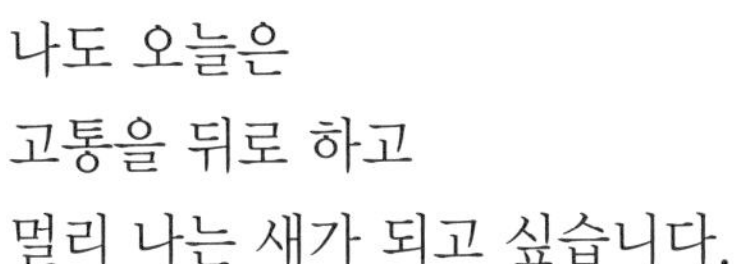

나도 오늘은
고통을 뒤로 하고
멀리 나는 새가 되고 싶습니다.

김현안

충남 논산 출생, 서울 거주
월간 국보문학 시 부문 신인상 수상(2012)
조지훈문학상 시 부문 본상 수상(2013)
코리아벤처포럼 경영연구소 소장
(사)한국스마트산업협회 자문위원
(사)한국스마트미디어협회 자문위원
REITS FUND Managent USA TRUSSNET KOREA HOLDING 한국지사장
G&HC 대표이사
한중합자, 흠금원목제품유한회사 동사장
동인문집 '내 마음의 숲' 동인
(사)대한민국국보문학협회 정회원

공중전화

차달숙

서울역 광장에
우리 시대가 남긴
위대한 유물 있다

공중전화 부스 안에 들어서면
사람의 등은 쓸쓸해 보인다
머리 숙이고 깊이 생각하거나
대답을 기다리는 몸짓일 때,
우리는 뜻대로 되지 않는
세상에 살고 있음을 안다

이 세상 어딘가에서 전화를 받고 있을
사람의 행색도 쉽게 유추해낼 수 있다
몰락한 어느 시골 참판댁 병든 아범이거나
치매 걸린 노인의 안부를 전하며
치맛단 뒤집어 눈물 콧물 훔칠 줄 아는 어멈일 것이다

한때는 줄 서서 차례를 기다렸으나
지금은 퇴락한 절간의 해우소 같다
내가 무슨 고고학자나 철학자라도 된 듯이

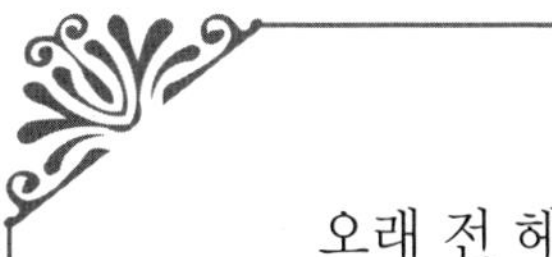

오래 전 헤어진 애인에게 전화를 걸어본다
신호는 가지만 받지 않는다
나는 벌써 잊혀진 사람이 아니라 쓸모없는 전화번호였다
우리 시대에서 시대를 건너온 유물이었다

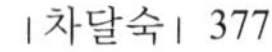

그리운 간이역

경상도로 갈까
전라도로 갈까
망설여지는 어중간한 그런 역 말고요,
몰락한 참판댁이나
유배지 다산 선생님 찾아가는 그런 역도 아니고요,
떠꺼머리총각 사정 들어줄라나
재수 좋아 보쌈이라도 될라나
호기심 발동하는 그런 간이역으로 나는 가요

주소 한 장 없이 찾아가도 되지요
장대 끝에 새가 앉아 있지요
사람 눈이 닿으면 날다가도 꿈쩍 않는 새
아무도 보는 이 없는 밤이면
쉴새없이 동네 하늘을 나는 새,

그 새는 나무새,
마음까지 없다고 생각하면 안 되지요
고독한 여인의 마음이 얹혀 있어

사내를 찾다 허탕치고 돌아오는 밤마다
바늘 끝 부리로 허벅지를 쪼아
피를 빨아 마시며 연명하는 새지요

이젠 그 새,
소리 소문 없이 사라졌지만
그 새 찾아가는 역을 나는 알고 있지요
내 마음의 그리운 간이역 있지요

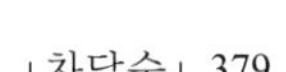

희미한 추억

하동 포구에 서둘러 찾아온 아침은 무슨 사유가 있는지
저 홀로 밤을 재우쳐 달려온 섬진강 물도 무엇이 잘 못 됐는지
이제 떠나면 가슴 깊은 지리산으로는 돌아갈 수 없는 참회 때문인지
얼굴을 내놓지 못하고 한없이 멈칫거리기만 한다
처처(悽悽)히 치밀어 오르는 울분 같은 파도도 시들부들 맥을 놓고 눈치 보기 급급한데
누가 고개를 숙이고 소리 없이 우는가
물에 푹 젖은 남도 사설이 물안개로 피어오른다
희미한 추억처럼 찾아왔다가 중늙은이의 첫사랑 같은 일출을 바라본다

차달숙
시인/수필가. 경남 창녕출생. 예비역 육군중령
부산문인협회 사무국장, 실상문학작가회 회장 역임
(현)부산문인협회 상임이사. 부산수필문인협회 부회장

어머니

정태호

어제 건강보험공단에서 판정관이 다녀갔다
부쩍 억지소리를 많이 해도
나이가 들어 섭섭한 게 많아서 인가보다 치부하다가도
너무나 엄청난 거짓부렁이면
큰소리로 대들다가 싸움이 되곤 하여
말리던 아내마저
집나가겠다고 난리쳤는데
최근 갑자기 심해진 치매가
그냥 뇌졸중 후유증인줄만 알았는데
사실은 오래전부터 천천히 진행되고 있었다.
진작에 알았더라면
감정의 골이 덜 패였을 텐데
가슴이 다 타서 말라버린 지금에 사
폭풍처럼 밀려드는 회한이 몸서리쳐 진다.

눈물

아우성이 아니다
하소연도 아니다
삶의 자연수일 뿐이다

아파도 참아야하는 굴레라면
차마 부끄러
손등으로 훔칠지언정
연약한 순정만은 감출래라

아우성이다
하소연이다
북받히는 감동의 심장소리다
살아 있어서 강한
가장 강한 무기다
여려서 맑은
너무도 맑은 보석이다

원두막 추억

그 해 그리도 무덥던 여름날
절은 런닝셔츠에 까만 팬티만 입고
방학 책 옆구리 끼고서
애써 지은 농사 무참히 서리 맞을까봐
새벽같이 원두막으로 달려가던
어린 시절
농사짓던 시골에선
말로만도 귀하디귀해
듣기도 어렵던 바캉스 계절
돈 된다고
참외 한 개 수박 한 덩이도 맘껏 먹지 못하는데
엄마 아빠 손잡고
깨끗한 옷 입고
피서랍시고 도시서 놀러 온 또래 가시내
재밌다고 원두막 올라오면
부끄러워 개울로 달려가
풍덩 자맥질하던 순수
오늘 붉게 타들어가는 노을이
그 시절 가슴이려나

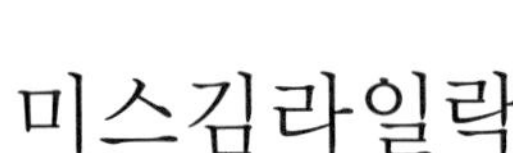

미스김라일락

그 해 봄날
너무도 짙은 향내로
삼각산에선
검은 등줄 뻐꾸기가 유난을 떨며 울었지
해방은 되었어도 아직
홀딱 벗은 나라
이름도 따로 없었지
한번 만난 코큰 아저씨
움도 트지 않은 너를 안고 미국으로 가면서
엄니를 못 잊어 미스 김이라 불렀지
이제는
성공한 입양아 되어
돌아 돌아서
엄니 나라로 오는구나 그려
키 작은 우리 딸 수수꽃다리
몸값이 너무 비싸다
미스김라일락

미스김라일락 : 1947년 미군정청소속 식물채집가가 군정청 타이피스트 미스김의 안내로 북한산과 도봉산 사이(아마도 우이령 근처인 듯)에서 우리 꽃 수수꽃다리를 발견하고 그 씨를 받아서 미국에서 길러내고는 이름을 미스김라일락이라고 붙였다고 하네요.

그러니까...
라일락은 우리 꽃 수수꽃다리란 말씀임다.
키위가 참다래이듯...
다만 우리 꽃 수수꽃다리는 키가 작으마해서 화분에 그냥 심기 좋을 만큼만 자라는데 서양수수꽃다리 즉 라일락은 키가 2미터 이상 자라고 무성해서 화분엔 심을 수가 없지요.
다시 말하지만 '미스김라일락' 은 라일락인데 그 원산지가 우리나라인 우리 꽃 수수꽃다리 라는 거예요

정태호

연세대 경영학 석사
대림산업(주) 근무(1977년~1983년)
(주)대우 근무(1984년~2000년)
현재 (주)MAP네트웍스 대표이사
한국문인협회회원
수지문학회회원
경맥문학회회원
시집 : 「피아노와 꽁보리밥」, 「나도 시베리아로 가고 싶다」
「겨울장미의 꿈」

흰 캔버스

한창현

고향의 일기장 속에
괜찮은 색으로 붓 터치를 찍으며
땅 따먹기 추억을 지우며 살고 싶다

변명 많은 문학잡지 속에
적당한 시어로 발자국을 남기고
그대의 기다림과 그리움으로 살고 싶다

늘 같은 장소 구석진 곳에서
담배 한 모금에 몽롱해진 두 눈
무거운 외로움을 커피 잔 속에 담아
별 볼일 없는 껍질뿐인 상념을 마신다

그대가 떠나간 광장에 홀로 남으면
한 줄의 선도 긋지 못한 새벽까지
멍텅구리 시계가 중노동 중이다
윤곽선 없는 아우성은 몸을 휘감고
첫날밤의 불면의 이유가 메아리 친다
그대의 가시 돋친 독선과 고집으로
우유 빛 속살을 보여주지 않는 흰 캔버스.

붕어 빵

도시의 소음은 태양의 눈을 찌르고
별들도 비명으로 사라진 늦가을 밤
나 홀로 고단한 일상을 내려놓고
강에 홀로 앉아 낚시 대를 펼친다

시간을 쪼아먹은 인간들이 웅성거리며
밤낮으로 오색찬란한 열 꽃을 피워대니
투명한 지느러미는 상처로 시들어가고
강물은 불어터진 생리통으로 혼절한다

생명을 다한 화원 유원지 다리 위에서…
크기와 모습이 같은 인큐베이터에는
인공수정으로 새살이 돋아난 붕어
생식기 없이 살아난 몸뚱이가 뜨겁다

물에는 살지 않는 몇 마리 붕어는
체념 같은 눈물과 긴 한숨을 토하고
화가의 손을 잡고 화실로 돌아간다
그대가 이 세상에 존재하는 까닭에
파닥이는 아침 물고기 한 마리를
아주 천천히 야무지게 먹고 뒤를 보니
하얀 캔바스 속에 붕어 한 마리가
가족을 그리워하며 거친 유영을 한다.

도시의 섬

버림받은 사람들이…
자유주의자로 거듭 태어나
일그러진 지하도 깊이로 웅성거린다
시간은 허기진 어둠의 단상을 내리고
부실한 위장은 고무줄 길이로 늘어난다

가까운 자들의 칼날에 잇몸이 베이고
억울한 눈물을 쏟아 내도 닦을 인내가 없다
불면증에서 이탈을 꿈꾸는 불혹의 노숙 자
모자로 얼굴을 가리고 소주병을 삼키지만
껍질뿐인 자존심은 성난 파도가 된다

기습적으로 숨어 들어온 저 비린내는
살 껍질을 벗기고 칼바람으로 일어나
부실한 아랫도리를 마비시킨다
골판지 위에 걸터앉아 주문을 외우지만
이름까지 분실한 도시인으로 표류한다
스산한 외로움은 무명의 쪽배를 띄우고
빈 소주병은 도시의 섬을 만들고 있다

버림받은 사람들이...
최면술에 걸려 하나 둘 술에 취하니
밤은 힘없는 변명만 남기고 홀로 깊어간다
버림받을 수 있는 사람들이...
어둠의 자리다툼을 하는 노숙일지를 밟으며
팝콘같은 비웃음을 던지고 계단을 오른다
물비늘 뿌린 파도소리는 썰물되어
도시의 섬은 유령으로 사라진다.

한창현

계명대학교 미술대학 서양화과 졸업
[한국문인] 시부문 신인상(한국문학회. 서울]
월간[한국문인] "빙어"외2편 詩발표[한국문학회.서울]
월간[모던포엠]이달의 작가. 시/철길 외 4편 [모덤/[서울]
가을호. 생각과 느낌[창작과 나의 고뇌]수필[도서 출판 생느사]
여름호. [시와 반시 갤러리4p게재][도서출판 시와 반시]
월간 1월호 [일하는 멋]-"화가를 만나다" [도서출판 일멋]
[별마을 사람] 창간 동인지
[아름다운 사람들]동인지
[내 마음의 숲]동인지-[도서출판 국보]
[동해로 가는 동행] 시/폭설외 4편. 공저
개인전 15회[대구. 서울].
서양화 2인 초대전 4회[대구]
이집트. 스페인. 스웨덴 이탈리아. 중국. 독일 해외전
LG화재. 현대중공업. 한국전력 카렌더 초대작가[울산. 서울]
단편영화 "자살한 화가의 상처 - 자화상" 주연출연[DVC 6mm.28mn]
월간 "보건세계"1월호 ~ 12월호 표지화 초대작가[대한결핵협회, 서울]
대한민국 미술대상전 운영위원.
경남 미술대전 심사위원 역임.
현: 별마을 문학회. 동행 동인. 대구시미술대전 초대작가 .

짙은 정(情)

이정규

속 울음 내 뱉는
아픔의 절규처럼
달빛 새어드는 사색의 창가에
그리움이 묻혀 우는 것은
스쳐가는 바람 탓 이었을까

반백의 중년
그대와의 입 맞춤은
내 가슴 깊은 뜨락에
핑크빛 사랑으로
주야장천 나랫짓 하여도

해가 놀다 간 빈 들녘은
하얀 그리움이
별빛 그네 타고 내려와
소롯이
한 조각 외로움을 잉태 합니다

짙은 정(情)은
무언의 침묵을 깬듯
격정의 언저리 내려 놓고
백치의 본 향으로
진실 속에서만 잠들고 싶어요 .

소리없는 큰 사랑

어느 날
한 순간 그대에게
내 마음을 빼앗겨 버렸습니다
자석의 자성처럼

사랑은
마음 속으로 부터 나오고
한번 준 마음 이기에
머물고 싶었던 시간 이었습니다

지금도
터 놓고 은혜로움을 베풀며
하얀 속살처럼
보여주는 아름다움 인 것을

조용히
침묵을 지키고 있어도
변치않는 큰 사랑은

공(拱)

내가
이 세상에 와서
당신 에게 받은 것은
인연의 기쁨과 행복 이었고

명산 이라 한들
나 홀로
무심으로 묵묵히 걷는 길은
내 인생의 지표가 아니 였습니다

잘 익은
홍시 하나 내 입에 넣을 수 있는
기쁨과 행복은
필연의 내 삶 이였거늘

떨어지는 낙엽처럼
공(恐)은 아니기를 바라는
진솔한 심연 이었으니

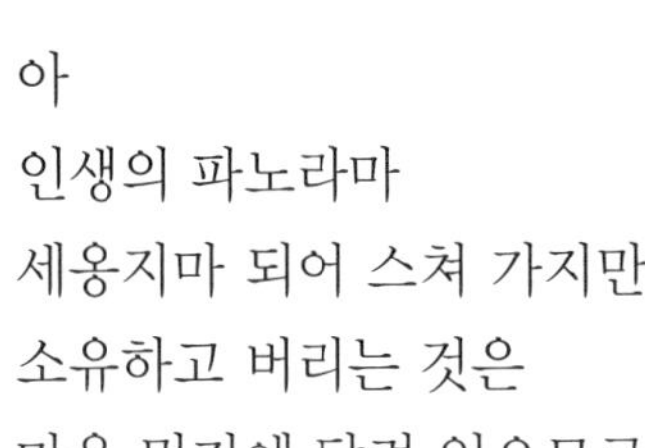

아
인생의 파노라마
세옹지마 되어 스쳐 가지만
소유하고 버리는 것은
마음 먹기에 달려 있으므로

당신과 나는
공(拱)이 었습니다 .

이정규
대구 거주
현대시선 시 부문 신인상 수상
공저- 현대시선 수레바퀴 1,2
현대문집, 다향문학, 시와수상문학, 월간문학, 다수 시 발표
방송- 라이프TV –메가박스 TV 시 다수 발표
미국 워싱톤 기독교방송 방송 햇빛 되게 하소서 프로그램
– 시 “그대 오는 길목에서” 방송

결혼 50주년을 바라보며

이용수

설거지를 하며 생각한다. 아내는
이런 구지레한 일을 하루 세 번씩
반 백 년이나 하며 살아왔구나!

빨래를 하며 생각한다. 아내는
이런 신 안 나는 일을 혼자서
반 백 년이나 하며 살아왔구나!

걸레질을 하며 생각한다. 아내는
이런 하기 싫은 일을 날마다 혼자서
반 백 년이나 하며 살아왔구나!

아름다운 동행

찬바람 부는 가을 저녁답,
등 굽은 할아버지가
한 손으로 지팡이를 짚고
다른 한 손으로 꼬부랑 할머니의
여윈 손을 꼭 쥐고

횡단보도 건너가고 있었다네.

모든 차량들이 멈춰 서서
기다리고 있었다네.

맞은편 저 멀리 빌딩 사이로
붉은 석양도 멈춰 서서
바라보고 있었지.

나는 생각해 보았네,
여러 가지를.

행복한 가정

아버지는 사랑하고 아들은 효도하며
형은 우애 있고 아우는 공경하며
남편은 온화하고 아내는 유순하며
시어머니는 인자하고 며느리는 순종하니

어떤 어려움이 이 가정을
불행하게 만들까?

이용수
대한민국 육군사관학교 14기 졸업(1958)
육군 소장으로 예편, 화랑무공훈장
보국훈장 삼일장, 보국훈장 천수장
대통령 표창, 한국소비자보호원 감사
시집 : 「미궁에도 미로가 있다」
전쟁문학사 시 부문 신인상, 13회 전쟁문학상 시 부문
한국문인협회 회원, 국제펜클럽 한국본부 회원
(사)대한민국국보문학협회 자문위원

두타연

신계전

징검다리 휘돌아 흐르는
맑디맑은 물이랑

투명하게 쏟아지는
한반도 폭포처럼
가슴 내리치는 염원의 물살

말없이 숨 쉬는
수목과 풀잎 사이로
죽은 듯 살아있는
이름모를 병사의 돌무덤

가시덤불 끼고도는
장생길 따라
출렁이는 두타교 입구에 서면
고목에 걸려 절규하는 녹슨 철모
발목을 잡는다.

내 사는 곳

땅 한 평 없어도
서로가 서로의 땅이 되어
고구마 순처럼 부드럽고
맑은 심성 어우러진 곳

발길마저 설레이는 두타연
배꼽처럼 앙증맞은 한반도 섬
노랑무늬 붓꽃, 금강초롱, 해오라기 난초가
수줍게 옴츠린 대암산 산마루

한결같은 민족의 숙원속에
가칠봉 백석산 철책너머
아들같은 아들의 굳건한 눈망울이
칠흑의 어둠을 대낮처럼 밝히는 곳

사람 사는 것 같지않고
사람 사는 것 같은,
되돌려 받은 십년의 젊음으로
천국이 따로 없는
국토 정중앙 살구꽃 피는 마을.

숙희

봉숭아 꽃잎따서
귓불까지 물들이고

무지개 꽃길따라
하늘까지 달려가던,

보랏빛 무궁화 숲 속에서
숨죽여 애태우던 쪽눈이 술래

신계전

한국문협 저작권 옹호위원
한국팔도시협 사무국장
영남여성문학회 수석부회장
남양주 시인협회 감사
양구문학회 부회장
시집 : 「네가 우는 이 순간만은」(1992)
「이 세상은」(1996), 「시련의 햇살」(2012)
문학상 수상 : 노천명 문학상, 농촌 문학상
한맥 문학상

자동판매기와 나

전영희

너의 사랑은 너무나 계산적이지
바람이 불어 마음이 시린날에
다정하게 널 불러도
너는 댓가없이는 차 한잔
건네는 적 없는 깍정이 잖아

너의 사랑은 언제나 상대적이지
따스한 너의 체온을 음미 하고파
무작정 손 내밀어도 선물이 없으면
눈길조차 주지 않고
쌩 까고 모른체 하는 불여시 잖아

나의 사랑은 어쩔수 없는 그리움이지
너의 무관심 견딜수 없어
동그라미 좋아하는
네 마음을 붙잡아 보려고
예쁜 꽃돼지 허리를 열고 말잖아.

거스를 수 없는 사랑

낡은 옷을 벗고
그리움으로 접어둔
그날의 옷고름을 푼다

시원스런 눈짓웃음과
뜨거운 열기는 엺어져
어제의 추억으로 묻고

숨차도록 달려온
너의 당찬 용기에 안겨
거스를수없는 사랑을
다시, 경험하게된다

너를 입고서
온갖 색이 되리라.

구절초

어머니!
단오날에 정성들여 머리를 감아 올리시고
손으로 쓰다듬어 다섯마디 품에 두르시더니
그날부터 일구월심 달력장을 넘기시며
구월이라 구일날에 이른 새벽 정화수 떠놓아
마지막 네마디를 엮어 구절초를 피우셨지요

올해도
어머니의 절절한 사랑이 가을 들녁에
하얗게 눈물로 맺혀 소리없이 피어났습니다
길가에 흔하게 아무렇지도 않게 피어난 것은
항상 가까이 에 살아있는 어머니 숨결로
숭고한 어머니 사랑 지키라는 뜻이겠지요.

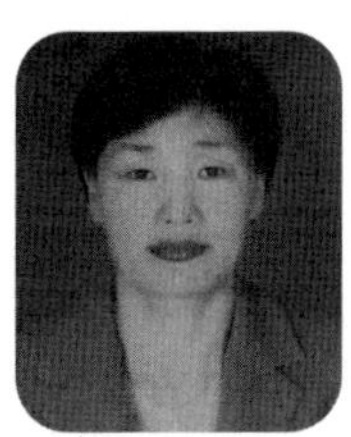

전영희
경북 포항 출생, 울산 거주
월간 국보문학 운영위원
울산문예대학 재학 중
문학아카데미 재학 중
(사)대한민국국보문학협회 정회원
한국문학신문 울산광역시본부 기자

무제

박희균

여자 사십
강이 되어

고통

슬픔
이별
실어 보내고

기쁨
사랑
행복
가득 담아

큰 바다로
나가는 길

물안개

박희균

부끄러운 햇살
눈 가려놓고

강가에 내려앉은
그리움

바람과 새들
먼 산 돌아

그의 곁에
함께 누워

구름 닮은 그림자
가슴깊이 품어본다.

두물머리

안개 가득한
남한강

는개에 갇힌
북한강

물줄기 너울너울
춤을추듯 합수하여
두물머리

두 물이 만나
몸 섞으며 사랑 노래
시작되는 곳

박희균
시인(월간 국보문학 시 부문 신인상 수상)
바빌런 코리아 실장, 아이맥 원장
월간 국보문학 회원, 松柏(송백)동인 부회장
국보시문학대학원 재학 中
순천향대학교 건강과학대학원 석사 졸업
(사)대한민국국보문학협회 총무이사

바람이어라

노유정

어머니!
단오날에 정성들여 머리를 감아 올리시고
손으로 쓰다듬어 다섯마디 품에 두르시더니
그날부터 일구월심 달력장을 넘기시며
구월이라 구일날에 이른 새벽 정화수 떠놓아
마지막 네마디를 엮어 구절초를 피우셨지요

올해도
어머니의 절절한 사랑이 가을 들녁에
하얗게 눈물로 맺혀 소리없이 피어났습니다
길가에 흔하게 아무렇지도 않게 피어난 것은
항상 가까이 에 살아있는 어머니 숨결로
숭고한 어머니 사랑 지키라는 뜻이겠지요.

절망의 언덕에서도

어린 솔 몇 그루 머리에 이고 바닷가 절벽이 울고 있었지
얼음같이 추웠던 지난날의 내 상처 일찍 아버지를 잃은 슬픔
어머니마저 보내야 했던 암흑, 친정의 아기 조카 두 명을 떠
안아야했던 신혼의 태풍 그 높은 파도와 싸웠던 지난날의 파
도는 매일 혹독한 매질로 날 단련시켰어 내 안에 끄덕 않는
의지가 있었기에 그 버팀으로 살아낼 수 있었지 절망의 언덕
에서도 푸른 솔들은 자랐고 계절마다 꽃도 피어 선물로 안겨
왔어 숱한 파도의 매질도 참을 수 있었던 것은 빛없는 바다
속 조개 안에서도 영롱한 진주가 커가고 있다는 거야
밤바다 같은 절망을 만나도 용기와 의지만 꺾이지 않는다면
진주 같은 희망도 캐낼 수 있어.

무지개를 보는 하루

LA웨스턴 도로변에서
하늘 위로 드리운 쌍무지개

어느 신의 화폭이길레
저리도 천연할까
그토록 아프게 하루 종일 내린 비
쏟아진 이유 알 것 같다

아름다운 탄생
순행하는 힘의 이유

겹겹의 일상
내 연륜의 굴곡마저 캐비닛에 넣고
스믈스믈 헤어나는 자유의 몸짓에
지독한 고통 터져 나온다.

노유정
부산출생
일어일문학 전공, 전통디도학과 졸업, 문예운동 시 등단
세계한민족 여성네트워크 kown 논픽션 당선(한국여성부)
한국문인협회, 한국문예운동, 청하문학, 미주카톨릭문우 회원
한국 서울문학, 자유문학 외 미주 중앙문예지 다수 작품 발표
시와 동인, 내 마음의 숲 동인

구월이 오면

나상국

가마솥 같은 불볕더위와
거머리 같은 열대야 앞에
무릎 꿇고 엎드려 잠만 자던 바람
아침저녁으로 문안드리는
구월이 오면
산새들도 산을 버리고 들로 내려와
저희 세상인 양
붉으니 파래니
온갖 참견을 다 하네
새색시 얼굴처럼 발개진 사과와
들판의 나락은 무거워진 머리
누렇게 고개 숙이고
허수아비의 풍년가를
가만히 듣기만 하네
뒷짐 지고 떠나간 여름
그 위로
풍만한 가을이 곱게 여물어 가겠지!

발기하는 아침

온밤 내내 곤한 잠자리
밤새 무슨 일이라도 있었던 걸까?

혼몽한 기억을 되살려 보아도
좀체 잡히지 않는
기억의 파편들

꽃은 어디에 피었을까?
향기도 없는데

아직 어둠이 가시지 않은
여명의 시각
꺼져가는 불꽃
바람이 안기어
되살아나는 불씨처럼

잠든 무의식 속 꿈틀대며 자라나
용솟음쳐 오는 힘
긴장하는 새벽
쉬 감당치 못하고
무거운 이불만
하늘 높이 쳐들고 있네

누가 볼세라
부끄러운 마음
안정을 시키려 하지만
점점 더 박달나무 방망이처럼
단단해져 발기하는 이 새벽

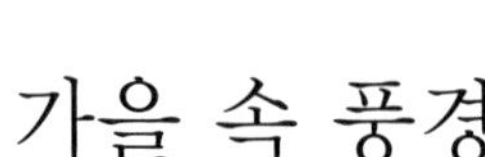

가을 속 풍경

떨어지는 낙엽을 밟으며
발아래 흩어진 가을은
노을 속으로
시름이 깊어만 간다

물안개 피어오르는 강가
물오리 갈대밭 숨바꼭질에
열중해 있다

형형색색의 고운 단풍으로
물결 지는 산은
텀벙 뛰어들어
불타는 가슴으로 안긴다

한가로운 물고기 떼도
단풍놀이에 여념이 없다

길 가던 나그네 강둑에 앉아
한 개비의 담배 연기 속으로
한숨을 토해낸다
가는 세월 어찌할 수 없어
주절주절

겨울은 저만큼 성큼성큼
다가서고

가을은 깊어만 간다
빛 고운 노을 속
내 마음도 곱게 물들어 간다

나상국
1964년 충북 괴산 출생
현대시선 신인상으로 등단
작품다수 발표
현대문학사조 하루를 열며 동인지 공저
현대문학사조 정회원
현대시선 정회원
여시골문학 회원

화엄 선경 – 마곡사

손수여

마법의 노승설법 삼밭의 백빽마냥
곡곳서 모였구나 넘쳐나는 신도들
사바계 중생제도가 불국정토 저절로

맑은 물 되구르고
태화산이 귀를 열면

노승의 법문 화엄
참선 죽비 소리
혼돈 광야 일깨우네

나그네
나그네도
마곡을 닮았더라.

적광전 사시예불 ?또르륵 목탁소리
무량행 참선집주 ?환희심 절로절로
비켜선 무진번뇌도 청정심을 발하네.

사모곡 – 임자도에서

어머니
임자! 그 옛날 들깨 섬
척박한 땅에 버려진 들풀 같은 들깨,
당신에게 평생을 늘
거름 없이
비료 없이
물도 부족하게
그러나 곡식밭을 보듬는 울타리로
그렇게 사셨습니다.
가끔은 푸른 잎 내어주며
열매 달고 꼿꼿이 세월을 지켰습니다.

올망졸망 이웃한 천사의 섬들
머언 먼 섬 임자도!
어울렁 더울렁 너울 타고
가슴으로 달려오는 푸른 바다, 어머니
온 종일 달군 찜질방 같은 백사장이
엄니의 굽은 허리를
기다리다 지친 듯이 누워있네요.
앉았던 바람이 눈물을 닦고
지는 노을도 눈시울을 붉게 적시네요,
내 혈관에서 피는 외로운 영혼이여,
별빛이 내려와 함께 우는 밤이여

생전에 즐겨 끓이셨던 된장국에
설익은 몇 조각 달빛을 풀어 놓고
멍석 마당 식탁 위에 별빛도 켜 놓은,
모깃불 피워놓고 둘러앉은 식솔 앞에
기나긴 하지 해도 모자라셨던 당신
이제야 어렴풋이 깨달았습니다.
오로지 자식새끼만을 위해
저 달빛에 청상을 매어놓고 사셨던
들깨 같은 인생을
그런 어머니 당신을.

반추 -웃기돌 같은 그 여자

내 아내는 돌이다.
홍수로 패인 냇가에 지천인 돌,
그 중에 모나지 않는 둥글납작한 돌 하나가
울 집에 왔다.
고이 씻겨 베란다 양지 장독대에 얌전히 앉아 있다.
하늘 높고 햇살 따사로운 가을날,
아내는 예쁘게 채색된 콩잎을 따다가
한 웅큼씩 쥐기도 담그기도 좋게 단을 묶고
옹기 항아리에 채곡채곡 넣어 간장을 붓는다.
콩잎이 간장 물 위로 뜨지 못하게 눌러두는 돌,
이 돌이 웃기돌이다.
시커먼 짠 간장에 온통 절이고 배여서 콩잎을 삭힌다.
콩잎과 똑같이 자신도 함께 몇 달 동안을.
하도 무뚝뚝 하길래 삼십 년을 돌아돌아 캤는데,
이게 아내아이가?
웃기돌 같은 그 여자!

만오 -간고등어처럼

큰돌, 늦깨달음이다.
간고등어처럼 살고 싶다
남은 삶을.
육갑떤단 가락질 받더라도
질곡의 시퍼런 세상 떠나
쓸개, 창자 다 빼낸 속 텅 비우고
육각 왕소금에 생살 절이는
쓰라린 세월 살아 온,
홍어 같은 아내를
등 뒤에서 감싸 안는다.
간고등어처럼
너를 보듬고 싶다.

널 좋아하는 이유

딸은 엄마를 닮는다고 했다
훤칠한 키에 미모의 한 여인
울 엄마보다 위이며 숙모보다 적은,
말씀 달변이셨던 엄마 같은 형수님.

방년에 시집 와 서른도 못 되어
청상으로 무자식 홀로 외길을
곧은 성품 탓에 독종처럼 살아오신
숙모의 꼿꼿한 삶.

열아홉에 아배 같은 신랑 만나
사형제를 낳아 시부모 사랑 받을
동서와는 질투 대상에, 눈에 가시였다
이런 숙모와 사이를 촉매제에
소통 가교를 놓은 계상 아지매

이런 저런 연유로 숙모는 셋째를
당신 뜻에 따라 열둘에 데려 갔다.
별난 성품 낳은 정 떼려고 이백여 리 밖
양외가에 보냈고 마흔 해를 덖이고 볶이더니
그렇게 갔다 아흔 노모 가슴에 묻고는.

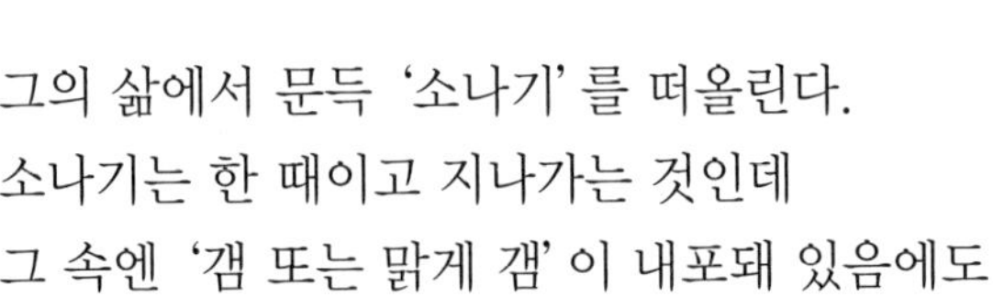

그의 삶에서 문득 ‘소나기’를 떠올린다.
소나기는 한 때이고 지나가는 것인데
그 속엔 ‘갬 또는 맑게 갬’이 내포돼 있음에도
피하지 못한 소나기는 장마로 이어졌나니.

대구에서 고향에 오시면 언제든지
홀로 계신 숙모와 함께 밤을 새우며
얘기꽃을 피우시던 그 아지매
울 엄마 편이 돼 주시고 어린 내 동생을
자식처럼 사랑해주셨던 아지매.

그 딸이 J.S요 이미 그때 엄마처럼
이순을 넘어 원숙한, 엄말 닮은 것 같다
이게 내가 널 좋아하는 이유다
이게 끌아재비의 변명이다.

행복한 새 한 마리가 꿈과 희망의
메시지를 갖고 내게로 날아와 앉아 있다
딸은 그 엄마를 꼭 닮았다.

연꽃-궁남지에서

삶의 진토에서 꿈 싹이
썩은 흙을 먹고 자랐지만
흙탕에서 청정수 뿜어내는 너,
황초롱, 홍초롱, 백등초롱이
천상의 향기를 궁남지에서
토하는 맑은 연지이고요.

백마강 바람에 출렁이는
달그림자,
은하수 불러내어 반짝반짝
아름다운 세상 열어주고요
천지 밝히는 등불처럼
썩어가는 것에 소금같이.

부패한 나를 바라보는 나,
얼마나 비참하랴.
오욕에 찌든, 썩은 영혼을
연잎 초롱으로 밝히시네요
사바세계 불국정토
육바라밀 연꽃 한 송이!

햇살 같은 웃음으로
마음을 열어주던 너,
달빛 묻은 향기로
온몸을 감싸주네요
내일 난 세상에서
가장 기쁜 노래를 부르리라.

손수여

시인. 문학박사. 계간 해동문학 및 시세계 신인문학상 수상. 제1회 한국시학 신인작품상 제1호(경기시협). (사)한국육필문예보존회 문예춘추 〈21세기 문학세계화추진위원회〉 선정 신작시(모더니티 시부문) 대상 수상(2010). 국제교류문단 미래문학 제5회 국제교류작가문학상 본상 수상(2011). 경주손씨 대구종친회 부회장. 한국문인협 본부 문학사료발굴 위원. 국제펜 한국본부 이사 및 대구지부 부회장. 해동문인협. 문예사조문협. 경기시협. 죽순문학 회원. 통일부 한민족제전 문예작품 공모 대구광역시 심사위원(2009. 2011 ~ 2013).
대구대교수. 교과목-[언어와 사회, 문학기행, 국어화법, 국어문법론, 국어어휘론] 등 강의.
시집 〈내 아내는 홍어다〉. 〈웃기돌 같은 그 여자〉. 수필집 〈나누고 싶은 생각〉.
학술서 〈국어어휘론 연구방법〉. 〈현대국어 색상어의 형태. 의미론적 연구〉 외 논문 다수.
yjson1@daegu.ac.kr

문풍지의 노래

김찬식

동지섣달 겨울밤
바람은 칼춤을 추었고
날이 서고 퍼를수록
문풍지의 노래는 빛났다

바람은 아랫목이?탐이 나
온 밤 문풍지를 울리며
문지방을 넘으려 애를 섰다

안방의 유혹에 넘어간 바람
문지방을 떠났고
문풍지의 노래소리 들리지 않았다

아랫목을 넘보지 말아야 했다
바람이 살 곳은 문밖의 문지방
제 자리를 비운 것들
세상을 울릴 수 없었다

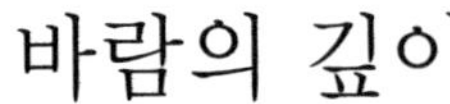

바람의 깊이

노을은 땅거미를 타고
창가에 출렁인다
교정은 침엽수 마른 잎 떨구며
바람을 데리고 온다
노을은 바람벽에 인주로 번져
그리움을 새기는 데
소멸의 뜨락에 풍금소리
외로이 집을 짓는다

어제는 남동풍, 구름 조금
이슬 맞은 그대 지난 날 뒤적인다
떠나는 것은 그립다는 말의 변증법
천형天刑의 춤으로
빛바랜 사진첩 속의 바람을 맞는다

유년의 운동장에 백엽상 펄럭인다
바람은 풍향계의 화살 심장에 꽂고
내 생의 습기와
존재의 화두
허무의 깊이를 재는 것이다
초저녁 별빛 한 줄기
부토에게 길을 묻고 있다.

계절의 레퀴엠

언덕은 여름의 열기로
푸른 하늘을 다림질하고 옷을 여민다

칠석이 지나
입추가 창문을 열면
귀향은 키 낮은 나뭇잎 사이에
풀벌레 노래로 다가 온다

경사진 밭고랑에 찍히는 발자국마다
희뿌연 음표 피어나고
언덕을 몰고 집으로 가는 촌노의 발치에
아이의 웃음소리 묻어난다

밥 짓는 누이의 뒷모습에
풍성한 산등성이 보이고
암소 잔등에 저녁이 피어 오른다

저녁상에 불러 모으는
어머니의 애잔한 메아리 들려온다

뜨락에 노니는 낙엽의 황홀한 조락
만삭의 아람을 미련 없이 대지에 안겨주고
가을은 겨울을 위해 옷을 벗는다

김찬식

- 부산출생
- [심상]등단
- 시집 「누구나의 가슴에 강물 흐른다」
- 국제펜클럽 한국본부 부산지역위원회 부회장
- 부산시인협회 부회장
- 부산문인협회 이사

가는 곳 걷는 길

양태영

걷는 길 우여곡절 뉘라서 없었던가
청산에 배뛰워서 정처없이 흘러가는
아름다운 꿈을 찾아 쉼없이 걸어가네

우리가 사는 세상 혼자 걷는 길이 아닌
모두 함께 사랑하고 웃으면서
손잡고 걸어 나가야 할 곳인것을!

상사화

어여쁜 꽃보다
당신의 따스한 눈동자가
더 좋았습니다
우수에 찬 그대의 눈동자가
차라리 더 좋았습니다

꽃잎과 순결이 교차하여
갈대가 된 나의 마음
당신의 붉은 정열과
푸른 희망이 서로 엉키어
아스라한 당신에 환상의
점점 더 짙어질 때쯤엔
드디어 미움을 낳게 하였습니다

다시는 연약한 모래성을
쌓지 않기를 바라면서
세상에서 제일 아름다운 모습으로
영원히 지지 않는 꽃을 피우렵니다.

노송

모두 떠나버린
눈 쌓인 바위 위에
천 년의 애환을 안은 노송이 서있네
살을 깎는 듯 찬바람이 불어오면
억센 뿌리를 땅속 깊이깊이 내리고
삭풍에 잎은 떨어지고 가지가 꺾여도
마음은 언제나 선열의 혼을 붙잡으려
안간힘을 쓰고 있구나!
나도 한그루 노송처럼
이 추운 겨울을 참고 견뎌야한다
엄동설한 찬바람 눈보라도
겨울 지나면 정녕 봄은 오리니
꽃피는 봄이 되면 양지 바른 곳에
따스한 햇볕이 남향 창문에 비칠 때
노송은 새로운 생명을 잉태하여
언제나 한결같이 사랑하는 마음으로
온 세상에 새로운 향기를 피우리.

청춘(靑春)의 환영(幻影)

流水라 歲月은 끝이 없어라
애타는 눈물도 끝이 없구나
지척이 만 리라 그리운 임은
어찌타 오늘도 소식이 없어라

그리운 이여 봄은 가고 오건만
한 번간 그님은 다시 못 오네
붉은 꽃 피면 오신다는데
애달다 옛날이 그립습니다

임 그려 불 붓는 나의 가슴
언제나 임의 품에 안겨 볼까나
덧없는 바람이 꽃을 피우니
슬프다 이봄이여 어이 살까나!

외로운 밤에는

외로운 밤에는
자꾸만 별을 보고 싶다
더 외로운 밤에는
찬란한 유성이 되고 싶었다

곱게 타다가
낭자하게 뿌려지는
내 심장 가까운 곳에
운석처럼 묻히고 싶었다

노란 개나리 밭에서
나비 호호 날고
초록 바다에선
바람 따라 파도 일어나는
자운영 붉은 돌담 넘어선 그곳

한 쌍의 기러기 울며 가는 영주산
내 심장 태우는 찬란한 유성이여!
외로운 밤에만 빛나는 유성이여!

영실만추

찬바람 스쳐오니 그리움이 찾아들어
초승달 품고앉아 외로움을 달래보네
멀리서 들려오는 깊은숲속 피리소리
애간장 녹이면서 가을단풍 떨어지네
아침에 부는바람 저녁나절 속삭이네
눈한번 감고뜨니 계사만추 지나가고
그대는 들판에서 꽃향기만 찾는구나

양태영

시인·시조시인, 수필가, (사)대한민국국보문학협회 편집위원
(사)대한민국국보문학협회 인사추천심사위원장
(사)한국한울문인협회, 제주문인협회 정회원
제주도영주문학 운영위원, 제주가정위탁지원센터 아이누리 편집위원
청룡문학대상수상, 한국문학신문 시조부문 대상수상
(사)대한민국국보문학협회 수석부회장
(현)제주특별자치도 제주시 조천읍사무소 부읍장
저서 : 朝鮮王朝實錄을 통해본 濟州牧使(濟州牧 사료집 제1책)

그대와 함께

최민석

삶의 보석 가장 소중한 것을
세월이 이만큼 지나간 후에
이제야 조금은 만져지고
깨닭게 되었네요

그대 넓은 가슴에
찌든 외로움 찾아 들어가고
따스한 가슴에 홀로 감당하기
어려운 사연
그대와 나누면 시원하고

사색의 계절 이 가을에
내 삶의 모든 짐을 내려 놓고
나에게 쉼을 주시는 그대와
가벼운 짐으로 영원히 걸어가리.

생각의 단편들

눈꺼풀 위로 날아가는 새
내 눈 밖을 날지 못하고

눈 밖을 날아가는 새
눈꺼풀 위에 앉아 있구나

눈 밖에 보이지 않는 새
내 입술 위에 와 앉아 잇고

내 입술 가에 앉아 있는 새
내 눈꺼풀 위에 앉아 있구나

내 문득 깨어나 보니
눈밖에 깜짝새 어디로 날아갔구나.

하늘을 보면

파란 빛의 물결이
뭉게구름으로 피어난다

해맑은 마음의 눈동자
파란창이 되어 떠오른다

광활한 대지는 아름다운 꿈으로
푸른 하늘에 매달려 있다

걸어도 걸을 수 없고
뛰어도 매달릴 수 없음에
파란 지붕위에 속삭이는 별들이
둥근 얼굴들이 달이 되어 다가온다

바람이 이는 숲길, 산등성이의 잔등
땜 내음 거친 숨결로 달려온다

나뭇잎 날리고 모래알 쓸림같이
풍선 같은 소문으로 날아만 간다

하늘을 보면 오색 무지개 꿈
가득 채워 먹고 살아간다.

우리 어머니

세상 좁다
바다 넓다
세상 바다 담을 수 있는 그릇
우주 바다 담을 수 있는 그릇
바다 좁다 오대양
일명 바다 새우
구부리고 펴지 못하고 있다
허리 편다

오대양 바다 넘어
우주 바다 품어 펼쳐 보인다
새우 눈, 바다 본다
세상 좁다
일명 바다 새우
인연,
억만년 갑절을 넘어
오늘도 만나고 있다.
우리 어머니

천상의 나팔소리

천상 아름다운 나팔꽃
세상을 향하여 영원한 무지개 언약
생명, 기이한 빛으로
동방, 고요한 새벽을 깨운다.
천상에 피어나는 아름다운 나팔꽃
그 조화 시작, 하늘 거문고 선율의 앙상블
영원히 아름답게 퍼져가는 새 노래의 향연
열두 보석 아름다운 열매를 보라
금강산 일만 이천 봉우리
무궁무궁 영원히 아름다워라
평화 광복 통일을 향한
첫 발걸음 내 딛었구나

샤론의 장미 향기,
생명 기이한 빛을 토하는 구나
하늘 향한 새 노래 향연, 천조 춤사위
아리랑 흥겹게 어깨춤 절로 난다
하늘 별빛 잔치로구나
와! 보라. 하늘 단비 생명 이슬의 빛을
보는 가 우주여,
듣는 가 온 세상이여
영원을 사모하는 마음,
의의 소망 성취됨을

아름다운 천상 나팔소리
원앙새 소리여
영원히 아름다워라

하늘만 바라본다

거시기 헝겨
니가 하며, 내가 하며
팔불출
입술 침도 바르지 않고
숨넘어가기 전 고백이라던 그 한 말
지푸라기 한 올 내밀어 주던 그 심정

우물가에 앉아서 숭늉은 왜 찾는고
물에 빠진 자 건져주니
보따리 내 놓으라 소리친다.

너 뒤마렵니
아니 너 설사 했니
그렇게 바쁘면 어젯밤부터 출발하지 그랬니?
꽝, 질서도 없이 끼어들더니만
참으로 아니 누가 할 말을

거울 앞에서 날마다 너에게 속고 있다
모래 뻘 백사장, 어미 게의 세상 바다 교육의 현실
서로에게 손가락실 핑계, 변명,
그것은 공동묘지, 무덤

뒷간 볼 때 그 마음은
볼일 마치고 나오더니만
긴 한 숨, 휴……
내가 언제 그랬었니?
할 말 없다.
민망하기 그지없다.
땅이 꺼질 것같이 가슴만 타들어 가네

유리 앞에 비춰진 보이지 않던 마음
거울 앞에 그 얼굴 이내 손으로 입술을 가리운다.
속았네. 누구에게 할 말 있니?
거울 앞에 선 나의 모습
누워서 침 뱉기 하네
오호라, 나는 곤고한 자로구나.
하늘만 바라본다.

최민석

전북 정읍 출생(1962년생)
건축업
월간 국보문학 회원
(사)대한민국국보문학협회 정회원

- 임명규 | 꿈
- 정태호 | 지천명 후의 십년을 보내며 외
- 정진해 | 무섬마을 가을 빛 쑥부쟁이
- 임수홍 | 꽃다발 속에 담겨있는 삶

꿈

임명규

우리는 매일 꿈을 꾸며 산다. 잠자며 꾸는 꿈도 있고 장래 바라는 꿈도 있다. 잠자며 꾸는 꿈에 관한 얘깃거리처럼 많은 텍스트는 이 세상에 없을 것이다. 그 세계에서는 인생의 길흉화복을 모두 꿈에 두고 말한다. 특히 동양에서는 역사적으로 유명한 사람들에 대한 태몽 꿈에 관한 얘기는 사실이든 아니든 간에 전설에서 예외가 없다. 어머니가 아니면 가족 중 다른 사람들이 대신 꾸어주기도 한다.

우리 어머니가 나를 가졌을 때 무슨 꿈을 꾸었는지 모른다. 어머니도 가족 중에 누구도 나에 대한 태몽 꿈을 말해 주지 않았다. 분명한 것은 나는 너무 평범한 사람이라서 비범인들처럼 용이 승천하는 꿈이나 호랑이가 달밤에 산천을 호령하며 다녔다는 그런 꿈은 상상조차 할 수 없다. 또한 우리 부모나 형제 어느 분도 그런 꿈을 꾸고 이 세상에 태어나지 않았다. 그래서인지 우리가족 모두가 세상 사람들이 흔히 그렇듯 낯 내놓고 자랑할 만한 특별난 것이 하나도 없다.

우리 두 딸들이 아내 애기 집에 생겼을 때, 나도 아내도 모두 조개 꿈을 꾸었다. 조개가 아닌 용이나 큰 구렁이 혹은 용맹스러운 호랑이 같은 꿈을 꾸어 본적이 없다. 집안 장손인 형님도 남동생도

아들이 없어 우리라도 아들 하나 가져 보라고 남들이 권해 몇 번 시도도 해보았지만 허사였다. 주위에서 들어보면 태어 날 아이가 아들인지 딸인지 태몽 꿈에서 빗나가는 경우는 없는 것 같다.

어렸을 때 한참 성장기에는 누구나 공통 된 꿈을 꾼다. 산과들이나 강으로 쏘다니며 바위에 올라 손으로 날개 짓하며 뛰어 내리거나, 웅덩이나 계곡도 손만 흔들면 새처럼 가볍게 폴짝 폴짝 건넌다. 이순이 되어서도 가끔은 그런 꿈을 꿀 때가 있는 걸 보면 어린 시절로 돌아가고 싶은 심리적 욕구가 내면에 자리 잡고 있기 때문일 것이다.

누구나 살면서 별의 별 꿈을 꾸는데 잊혀 지지 않은 꿈이 있다. 나에게도 그런 꿈들이 있다. 예수님과 마리아 그리고 천사들에 대한 꿈 얘기를 잠간 하겠다.

내가 고등학교 2학년 때 개신교를 믿었다. 종교를 갖기 전에도 전혀 그분들에 대한 얘기를 누구에게 진지하게 들어 본적이 없었는데도 그분들에 대한 꿈을 몇 번 꾸었다. 꿈의 배경은 고향이었으며 꿈속에서 예수님과 마리아와 천사들이 고향 하늘을 나타나는 모습을 몇 번 보았다. 그 후에 결혼을 하고 1년쯤 지나 일요일 아침에 정말로 희한한 꿈을 꾸었다.

그동안 객지에서 힘들게 살면서 도덕적으로 문란했던 내 삶이 너무 부끄러웠다. 그래서 결혼을 하면 더 열심히 교회에 다닐 생각을 했다. 아내는 어떤 종교도 없었지만 부창부수하겠다며 함께 신앙생활을 했다. 그녀는 모든 예배에 열심히 참석했다.

나는 월요일부터 토요일까지 아침 새벽부터 밤 10시까지 학원에서 강의를 하고 나면 거의 녹초가 되어 집에 돌아온다. 그 때라고 바로 집으로 오면 다행인데 거의가 선생님들과 어울리다보면 술을 마시게 되어 12시가 넘어서 귀가 하는 것이 일상이었다. 그래도 일요일 예배만은 꼭 참석했다.

한번은 일요일 11시 예배에 참석해야 하는데 간밤에 약주를 많이 마셔 도저히 일어 날 수가 없었다. 아내가 화가 나서 자기도 교회에 가지 않겠다며 벼르고 있었다. 일어나야지 하면서 10시 30분쯤에 다시 잠이 들었다. 잠이 들자마자 꿈을 꾸었다. 땅이 진동하며 하늘이 캄캄 해졌다. 하늘에 천사들이 나타났다. 사람들이 어디론가 마구 달렸다. 요한계시록처럼 말세의 나타난 형상이 그대로 진행 되고 있었다. 나도 사람들이 뛰어 가는 곳을 향해 마구 뛰었다. 그렇게 한참을 뛰었는데 눈앞에 언덕이 나타나며 교회가 보였다. 사람들이 그 교회로 들어가고 있었다.

세상이 갑자기 조용해졌다. 내 앞에 동방박사라는 분들이 손에 보따리를 들고 계셨다. 그때 꿈에서 깨어났다. 아내는 교회에 가고 없었다. 바로 예배시간을 알리는 신호음이 들렸다. 나는 서둘러서 아파트 앞에 있는 교회에 도착하니 그 시간이 정확히 예배를 시작하는 11시였다.

또 한 번은 김제 처갓집에서 꿈속에서 천국을 보았다. 동해안 푸른 바다 위 하늘에 예수님이 잠간 모습을 보이셨다. 동시에 말로는 어떻게 표현 할 수 없을 정도로 아름다운 오색 빛으로 영롱한 집들이 들어찬 천국이 전광석화처럼 스쳐 갔다. 나는 꿈속에서도 다시 한 번만 보여 달라고 예수님께 간곡히 청했더니 다시 한 번 이전처럼 보여 주었다. 내가 동해안에서 군대 생활을 했기 때문에 꿈에 배경이 동해바다 푸른 상공이었을 것이다.

내 꿈이 너무 기가 막히게 현실과 똑 같은 경우가 3번 있었다. 한번은 고등학교 1학년 여름방학 때 일이다. 우리 학교는 고향에서 약 16키로 떨어진 곳에 있었다. 나는 학교에서 약 4키로 떨어진 친척 집에서 걸어 다니면서 학교를 다녔다. 학교 근처에 살던 아주 친한 친구가 있었다. 방학이라서 고향 집에 와 잠을 자는 데 친구가 우리 집으로 찾아와 내 이름을 불렀다.

나는 너무 반가워 문을 차고 나가니 아직 동트기 전인 한밤중이라 밖이 캄캄했다. 꿈을 꾼 것이다. 그런데 오전 일찍 그 친구가 나와 사전에 우리 집에 놀러 오겠다는 어떤 약속도 하지 안 했는데 첫 버스를 타고 온 것이다. 꿈속에서처럼 시간과 공간 어느 것도 현실과 똑 같았다.

두 번째는 아내에 대한 꿈이다. 나는 33살이 되어서야 결혼했다. 지금이야 33살 넘은 나이를 노총각이라 하지 않지만 1980년 때가지만 해도 30만 넘으면 노총각 측에 끼었다. 직장 동료가 고향에 누나 같이 지낸 분이 있다며 서울에 왔으니 한번 만나보라 했다. 만나기 전날 밤 어떤 여자에 대한 꿈을 꾸었다. 그런데 그녀를 본 순간 간밤에 꿈속에서 본 그 여자와 옷 입는 맵시부터 외모의 전부가 똑 같았다. 간밤에 이미 나는 그녀를 만났던 것이다. 바로 그녀가 지금 나의 아내다.

세 번째는 학원을 이전하고 그 날 밤에 꿈을 꾸었는데 바로 건물 2층인 학원 대문 앞에 누가 한바가지나 되는 똥을 싸 놓은 것이다. 그 당시에 학원은 새벽 6시에 첫 강의가 시작 되어 적어도 30분 전까지는 학원에 도착하여 준비해야 했다. 그런데 아침 출근해보니 바로 간밤에 꾼 꿈 그대로였다.

나는 돈 때문에 평생 가슴 아프게 산다. 나야 괜찮지만 아내와 자식들에게 너무 고생을 시켜 가슴이 아프다.

열심히 벌어 모아놓은 돈은 언제나 바람처럼 사라진다. 그렇게 살아 온 동안 나의 꿈은 늘 돈과 관계되는 아픈 꿈들이다. 어디를 가야 하는 데, 무엇을 먹어야 하는데, 새끼들에게 주어야 하는데, 돈이 없다. 그런 꿈을 마냥 꾸며 이순까지 살아왔다.

똥 꿈을 꾸면 그 날은 돈을 만진다. 그런데 똥에 질퍽하게 빠져 보는 꿈을 꾸어 본적이 10년은 넘은 것 같다. 여우비에 젖듯 아슬아슬하게 똥을 조금 묻히는 그런 꿈만 아주 드물게 꾼다. 그런 꿈

을 꾸면 돈이 아주 조금 수중에 들어오거나 아예 허탕이다. 말년에 사람들을 잘 못 만나 백수풍진을 겪고 있다. 똥통에 푹 빠져 버리는 꿈 한 번 꾸었으면 좋겠다.

임명규

연세대학교 경영전문대학원 졸(경영학석사)
서울시장 표창(1986.12)
지리산 시낭송 최우수상 수상(지리산문학관, 시와 소금 2012.8)
월간국보문학 수필부문 신인문학상 수상(2012.9)
감자골 아침못 백일장 수필부문 수상(2012.10)
독도의용수비대정신계승 백일장 운문부분 대상수상(2012.10)
주간 한국문학신문 기성문인 수필부문 대상 수상(2012.12)
네이버 아름다운 우리시공모전 50인선 당선(2013.02)
(사)대한민국국보문학협회 정회원

지천명 후의 십년을 보내며

정태호

세상을 살아가면서 나이가 들수록 점점 더 어려워지는 게 있다. 바로 세상을 보는 눈이다. 자꾸만 내 위주로 세상이 보인다는 것이다. 상대방 혹은 다른 사람의 입장 혹은 관점 보다는 나의 관점과 입장에서 만 바라보게 되는 어리석음이 도처에 드러나고 있어 혼란스럽고 안타까울 때가 많다.

나름대로 다짐도 하고 노력도 하지만 나이가 들수록 자꾸만 정체성에 함몰되어진다는 느낌을 지울 수가 없다.

처음 50대에 접어들었을 때의 다짐, 즉 '지천명' 이니까 '하늘 뜻을 헤아려 보자' 고 큰소리치면서 詩로 친구들에게 권면하기도 했었던 호기(豪氣).

그리고 또 10년이 더 흐른 지금 환갑을 넘기고 돌이켜 보면 하늘 뜻을 과연 헤아리며 살아왔던가!

참으로 부끄럽기 그지없는 세월이다. 그동안 슬하의 삼남매를 다 출가시키는 대사를 치렀는데도 하늘 뜻은 고사하고 주위에 엉뚱한 폐만 끼치지 않았는지 저으기 걱정된다.

물론 인간이기에 완전할 수 없다고 위안을 삼을 수가 있으나 그렇게 간단하게 치부할 일도 아니다.

그래서 나름대로 반성도 하면서 명상도 해서 얻은 결론은 하늘

뜻도 중요하지만 타인의 뜻을 배려하며 살아가는 것이 나이가 들면서 갖춰야 할 미덕이 아닌가 생각해 본다.

나의 생각이 아무리 옳고 바른 길이라고 해도 내 뜻대로 따라 오지 않을 때는 어떻게 해야 하는가?

이러한 면에서 보면 정치가들은 대단한 것 같다. 표가 된다고 생각하면 자신의 의지와 정체성과는 전혀 상관치 않고 바로 유권자의 뜻에 맞출 수 있으니 말이다. 젊었을 때는 정치가들을 무척 싫어하고 욕도 많이 했는데 나이가 들면서 정치가들이 오히려 대단하다는 생각이 든다. 물론 대다수의 정치가들은 진심이 아닌 위선적인 행위로 표를 의식한 행위들이어서 욕을 먹고는 있지만 그래도 참고 넘기는 기술은 인정해 줘야 한다. 그렇다고 내가 정치가들을 존경한다는 말은 결코 아니다. 다만 예전의 경멸의 대상에서 그들도 그들 나름대로의 고충과 대단한 자질을 가졌다는 사실을 깨닫고 인정해 줄 수 있다는 말이다. 정치가들의 심장에 털이 난 행동과 양심들을 볼라치면 적어도 나의 입장에서는 다시 태어나지 않는 한 그러한 행위들을 흉내 내기도 어렵다고 생각하기 때문이다.

곰곰이 생각해 보다가 예전에 읽은 글귀가 떠올라서 생각을 한 번 이어가고자 한다. 사람들은 각기 관점이 다를 수 있고 처세를 제대로 하려면 각 사람의 관점을 존중해 주고 인정해 줘야 한다는 것이다. 맞는 말이다.

예를 들어 보자. 네 사람이 있는데 그 사람들의 눈이 각각 서로 달라서 한사람은 정사각형의 창으로만 사물이 보이고, 또 한 사람은 직사각형, 또 한사람은 삼각형, 또 한 사람은 타원형으로 생긴 창틀에서 그 바깥의 사물이 보인다고 가정해 보자. 사실은 나무들이 적당한 간격으로 일렬로 옆으로 서있는 광경을 보고 있을 때 삼각형의 사람이 나무가 한 그루라고 말하자 직사각형의 사람이 아

니 틀렸다고 하면서 세 그루라고 말했다. 이 때 정사각형은 옆에 있다가 말도 안 되는 소리 말라고 우기면서 나무는 두 그루 밖에 없다고 주장할 때 타원형이 빙그레 웃으며 내가 볼 때는 나무가 다섯 그루도 넘는다고 말하며 각자 고개를 돌려 주위를 살펴보라고 권유했을 때 그들이 자신들의 잘못을 깨달았다는 우화 말이다.

살아가면서 나이가 들수록 나 자신의 정체성에만 함몰되어 주위를 돌아보지 않고 나의 주장만 우기는 경우가 얼마나 많은 지 반성하지 않을 수 없다.

많지 않은 자녀들이지만 그네들이 하는 것을 보면 맘에 들지 않을 때가 너무도 많아서 나름대로 세상을 많이 살아 왔다고 다짜고짜 충고를 할라치면 결국은 충돌 밖에 일어나지 않았다는 것을 경험으로 터득했다.

이제는 좀 더 숙고하여 그들의 관점에서 생각하는 여유를 가질 필요가 있다고 생각한다. 그렇다고 무조건 그들을 용납한다는 것은 아니다.

주위를 둘러보고 심사숙고를 하고, 자신의 아집에 빠지지 않도록 최선의 노력을 다한 후, 충분히 객관적으로 보아서도 그릇된 것이 확인된다면 당연히 그리고 단호히 개선할 수 있도록 충고를 서슴지 않는 것이 나이든 사람의 도리일 것이다.

나이가 들었다고 그냥 힘이 빠졌다고 자탄만 하고 아무 일도 하지 않는다면 그것은 어쩌면 아집으로 큰소리치는 것 보다 더 나쁜 결과를 초래할 지도 모를 일이다.

나이든 선배 세대들이 인생을 살아오면서 터득한 나름대로의 참된 바를 뒤따라오는 이들에게 제대로 전해주지 않으면 그 사회는 발전할 수가 없다. 먼저 살아온 사람들이 겪은 시행착오를 후학들이 겪지 않아야 그들은 또 새로운 길을 개척할 수 있지 않겠는가!

잔소리가 되지 않는 한, 또한 자신 만의 편협된 주장만 하지 않는다면 자신의 경험을 되도록 많이 들려주는 것이야말로 후배들이 다시 그 길을 걸어가더라도 더 많은 것을 느끼고 얻을 수 있다고 믿는다.

이러한 노력을 생면부지의 사람들에게 적용하기 보다는 먼저 우리 아이들에게 부터 적용하고, 또 기회가 되면 회사 직원들에게도 전해줄 수 있기를 바란다. 또 일반인들에게도 전해 줄 수 있는 기회가 얻어질 수 있다면 오늘 아침 명상의 보람을 더욱 느낄 수 있지 않겠는가!

황금비율소고
(黃金比率小考)

우리는 우리의 심장이 태어나서 죽을 때까지 멈추지 않고 일하는 줄 알고 있다. 즉 계속해서 작동을 하니까 계속 일만 하고 있는 줄 착각하고 있다는 말이다. 그런데 사실은 심장도 휴식을 한다고 한다. 그것도 일하는 시간보다 휴식하는 시간이 훨씬 더 길다는 얘기다. 과학자들이 규명한 바에 의하면 심장은 일하는 중간에 계속 규칙적 반복적으로 휴식을 취하며 하루 동안 일하는 시간이 대략 9시간 정도라고 한다.

즉 정확한 시간은 계산하기 어려운데 일하는 시간과 휴식시간의 비율이 황금비를 이루고 있다는 것을 정설로 친다.

황금비는 황금비율, 황금분할 등으로 혼용되고 있는데, 기원전 500년쯤 그리스의 수학자인 피타고라스가 처음 사용했던 말로 전해지고는 있지만 사실은 피타고라스는 그 비율을 정의하지도 못했으며 황금비율이란 명칭이 등장한 것이 19세기 초라고 한다. 다만 피타고라스는 정오각형에 황금비율의 비밀이 숨어있을 것으로 생각하고, 황금비율의 수는 무리수 일 것 이라고만 인식했다고 한다. 그 후 약 200년쯤 후에 유클리드에 의해서 황금비율의 정의가 이뤄지고 계산되기 시작하여 점 점 더 많이 규명되고 발전해오다가 겨우 20세기 초반 1910년대에 와서야 그 공식이 확립되고 숫자로서 계산이 될 수 있었다고 한다.

19세기초 황금비율이란 용어가 처음으로 등장하기 이전에는 '신성한 수' 정도로 신학적인 의미로만 쓰였다고 한다.

황금비율을 정의하자면, 한 개의 직선을 황금비율로 황금분할 할 때의 비율 공식이 A : B = B : (A+B)가 되어야 하며, A를 1이라고 하면 B는 1.618033989... 즉 소숫점 이하가 끝없이 이어지는 소수(素數)로서 그 정확한 값은 하나님만이 아는 수치이다.

황금비를 사람들은 왜 그렇게 선호하느냐?

비례적인 면이나 균형적인 면에서 황금비가 인간에게 가장 안정감을 준다고 알려져 있으며, 시각적으로도 가장 보편적으로 아름답게 보이는 비율이 황금비라고 한다. 그러므로 온갖 인간 생활에 알게 모르게 엄청나게 많이 적용되고 있다. 우리가 흔히 접하는 TV화면비율 이나 A4 용지의 비율, 명함, 엽서, 신용카드 등 무수히 많은 예가 우리 인간들의 일상생활에 녹아들어 있다.

고대 건축물로는 파르테논 신전이나 피라미드 등이 있고, 근대에 와서는 에펠탑 등이 있어 인간의 생활과 연결되는 것들이 참으로 많다.

똑 같은 이유로 황금비는 예술작품에서도 많이 적용되고 있는데 우리가 흔히 미인상이라고 알고 있는 비너스 상 뿐 아니라 특히 르네상스시대의 예술작품에서는 상당히 많이 나타나고 있다.

문제는 인간이 황금비의 그 수치를 정확히는 알 수가 없다는 것이다. 그래서 많은 이들이 다빈치의 성인 남성이 팔다리를 펼치고 있는 모습과 정사각형과 원으로 이뤄져 있는 작품을 황금비에 대한 예로 들고 있지만 실제로는 정수비가 적용된 것을 오해한 것이라고 한다.

사람들은 부단히도 황금비율을 증명하려고 실험도 하고 했지만 확실한 정답이 나오지는 않고 있다. 분명 황금비율의 모든 예술작

품이나 자연현상 들은 보기에 아름답다. 그렇지만 절대로 100% 전부 다는 아니다. 그 이유는 하나님이 그렇게 만들어 놓았다는 것이다.

생각해보자. 인간이 행하고 있는 행위 중 50%는 선한(물론 절대적은 아니고 인간이 보는 관점에서 볼 때) 행위이고 50%는 악한 행위라고 하자. 이럴 때 그런 행위를 하는 인간이 가장 보편타당한 인간일까? 결코 그렇지는 않을 거다. 선과 악이 정확히 반반이라면 서로 상쇄되어 인간의 가치가 없어진다. 즉 선악의 구별을 못하는 동물들과 전혀 다르지 않거나 있으나마나 한 존재가 될 것이다. 그래서 가장 보편적인 인간이라면 선한 행위의 비율이 0.618033... 즉 황금비율의 맞춤이 아닐까? 만약 선한 행위의 비율이 황금비율 이하가 된다면 일단은 악한 사람, 그 이상이 된다면 선한 사람. 이렇게 구분해도 되지 않을까?

그래서 功7過3 이란 말이 있는 거다. 사람의 한 평생 살아온 궤적이 70%가 선하다고 하면 비록 나머지 30%는 과실이 있더라도 그 삶은 훌륭한 삶을 살았다고 인정한다는 말일 것이다. 100% 완전한 선을 행하고 죽을 수 있는 사람은 하나님이신 예수님 밖에는 없다. 아무리 훌륭한 사람이라도 사람이라면 100% 완전할 수가 없다는 말이다.

마찬가지로 인간은 누구나 불완전하다고 말한다 해서, 그 사람이 행한 일 중에 선한 일이 조금 있다고 무조건 사람대접 받을 수 있는 것은 아니다.

앞에서도 언급했지만 한 사람이 행한 행적 중 선한 행위와 악한 행위가 꼭 반반 똑같다면 이는 인간이 아니다. 그냥 없어도 무방한 동물이나 무생물 등과 다를 바가 없는 존재일 뿐이다.

이러한 관점에서 보면 그 사람이 행한 행위 중 선한 비율의 정도가 황금비율 보다 미달되면 비록 선한 비율이 50%를 넘더라도 악한 사람 취급을 받을 수밖에 없다는 말이다. 더욱이 그 비율이 50% 미만이라면 악마의 수준에 이른다는 말이다.

서두에 심장의 휴식과 일하는 시간의 비율을 언급했는데 여기서 잠시 상상을 해본다. 하나님이 태초에 인간을 만들었을 때 즉 인간이 죄를 범하여 벌을 받기 전에는 인간이 일하고 쉬는 비율을 황금비율로 정하였지만, 인간이 범죄 한 후로 인간이 노동을 하여야 생명을 유지할 수 있도록 벌을 내리셨기 때문에 인간의 일하는 시간이 늘고 휴식시간이 줄어들어서 그 황금비율이 깨어져 버렸다. 그럼으로 인해서 인간은 온갖 스트레스에 시달리게 되고 병에 걸리게 되고 또 그렇게 해서 결국은 죽음이라는 굴레를 벗어날 수가 없는 것 아닐까?

지금이라도 인간이 정확히 황금비를 찾아서 일하고 쉴 수만 있다면 죽음도 극복할 수가 있을 거라는 상상 말이다.

하지만 아직은 정확한 황금비의 수치도 제대로 인식하지 못하고 있는 인간이 하나님의 영역인 황금비율을 어떻게 맞춰서 살아갈 수 있겠는가!

그냥 하나님의 뜻에 맡기고 인간에게 주어진 만큼의 자유만을 누리면서 살아가는 것이 가장 현명하고 행복한 삶을 영위하는 것이 될 것이다.

정태호

연세대 경영학 석사
대림산업(주) 근무(1977년~1983년)
(주)대우 근무(1984년~2000년)
현재 (주)MAP네트웍스 대표이사
한국문인협회 · 수지문학회 · 경맥문학회 회원
시집 : 「피아노와 꽁보리밥」, 「나도 시베리아로 가고 싶다」
「겨울장미의 꿈」

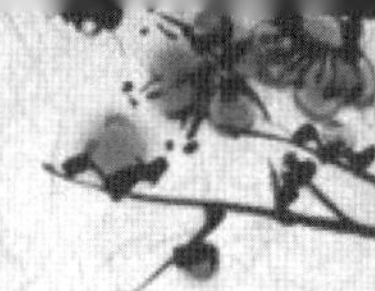

무섬마을 가을 빛 쑥부쟁이

정진해

한 달 전에 약속된 가족여행이 시작되었다. 경북 영주와 예천, 안동, 봉화로 돌아오는 1박 2일간의 여행은 도시의 탈출로 흐뭇한 여행길이다. 경춘고속도로와 중앙고속도로를 이용하여 영주에서 부산에서 온 동생을 차에 태우고 답사가 시작되었다. 들녘에는 황금색으로 익어가는 벼와 주렁주렁 매달린 사과와 감이 탐스럽게 보였다. 무게를 못 이겨 늘어진 가지마다 가을의 숫자만큼이나 열려 있어 풍성한 농촌풍경이 시작되었다. 뛰고 또 뛰어다니는 메뚜기를 낚아채고, 화들짝 핀 코스모스와 들국화까지 더욱 선명한 색을 발산하고 있는 영주의 답사는 주변의 풍경과 잘 어울림이 있어 자연의 매력에 푹 빠져들기 시작하였다. 가장 먼저 찾은 곳은 전통가옥이 있는 무섬마을로 향했다. 삼면이 낙동강으로 둘러싸인 이 마을은 다리가 없으면 쉽게 접근하기 어려운 마을이다. 영주 시가지에서 조금 떨어지고 한적한 곳에 낙동강 물을 바라보며 옹기종기 초가집과 기와집이 어울려 있다. 수도교를 지나면서 야트막한 산을 등지고 정오에 빛나는 태양 빛이 마을을 덮고 있다. 하늘 푸른색, 마을의 회색, 백사장의 은빛, 낙동강 물의 투명빛깔, 마을 사람의 훈훈한 인심색깔이 어우러져 다섯 가지 색을 띠고 있는 마을이다. 둥그렇게 돌아 나가는 낙동강의 내성천의 유유함은 더욱 가

을 백사장을 빛나게 한다. 오래전부터 이곳에 살아왔던 사람들은 이 섬을 물섬이라 불러왔다. 언제나 조용히 흐르는 물소리는 이곳 마을 사람들의 조용하고 넉넉한 웃음을 만들지 않았을까 한다. 물 위에 떠 있는 섬을 뜻하는 "수도리"는 순수한 우리말이 곁들여 무섬마을이 되었다. 이곳에 사람들이 들어와 살기 시작한 것은 17세기 중반부터라고 한다. 반남박씨인 박수가 처음으로 들어와 살기 시작하면서 그의 사위 선성 김씨가 들어와 대를 이어 살기 시작한 것이 오늘에 이르고 있다고 한다. 100년이 넘는 조선시대의 가옥이 16여 채가 있어 전형적인 사대부 가옥을 자랑하고 있다. 마을의 뒷산에는 소나무를 비롯한 각종 나무가 숲을 이루고 마을 앞에는 낙동강이 백사장을 만들어 두었다. 강을 가로지르는 S자의 외나무다리는 바깥을 이어주는 유일한 다리였다. 이 마을 아낙네들은 외나무다리로 꽃가마를 타고 시집왔다가 죽으면 이 다리로 상여가 나갔다고 한다. 지금은 이 마을 찾은 관광객들이 외나무다리를 오가며 추억을 만드는 체험의 장소로 남아있다. 비가 많이 내리면 범람하여 다리를 건널 수 없을 때는 멀리 간 자식이 발만 동동 구르다가 돌아가곤 하였던 추억이 남아 있는 곳이라고도 한다.

영주는 선비의 고장이라 하였는데, 이곳을 두고 한 말인 것 같다. 무섬마을은 양반보다 선비마을로 알려진 곳이다. 그래서 사람들은 이곳을 찾을 때는 마을을 품은 산과 물줄기를 보고 놀라고, 섬처럼 생긴 지형에 고택들이 즐비하게 들어선 것에서 놀라고, 이 마을 앞이 트여 있어 개방과 개혁 정신에 놀란다고 한다. 나 또한 이 세 가지에 외에 자연과의 어우러짐에 놀랐다. 마을의 길은 하나로 연결되어 어느 골목을 들어가도 곳곳의 집 앞을 거닐 수 있어 또한 놀라지 않을 수 없다.

지붕 위에 박이 곧 바가지를 할 정도로 익어 있고, 높고 낮은 담에는 나팔꽃이 피어 있어 더욱 전통한옥의 멋을 더해준다. 만빈낙

도의 삶을 꾸려왔던 선조들의 지혜와 정감이 그대로 남아 오늘에 이르고 있음을 여실히 보여주는 마을이다.

사람들은 이 마을을 이야기할 때 '연화부수형' 이라 하여 물 위에 활짝 핀 연꽃 형상의 땅이라 불러왔다. 예로부터 이런 지형은 학자들이 많이 배출된다고 하였는데, 이 무섬마을을 일컫는 말인 것 같다. 조선후기 때 의금부도사를 지낸 김낙풍의 고택이 이곳에 자리하고 있으며, 일제강점기 때는 독립운동의 본거지인 아도서숙이 있기도 했던 마을이다. 유교의 고장인 이곳에서는 남녀노소, 양반, 상민을 가리지 않고 한 장소에서 함께 공부를 하였으며, 선조들은 벼슬을 멀리하고 학문을 중시하였으며, 한국 전쟁 때는 좌우익이 함께 공존했던 곳이어서 덕분에 자유로운 마을로 알려졌었다.

마을 골목을 돌아 제방 뚝 넘어 외나무다리에 올라섰다. 굵은 나무로 다리 기둥을 만들고 그 위에 통나무 반을 잘라서 발판을 만들었다. S자로 구부러진 좁은 외나무다리를 건너기 위해 이곳을 찾은 관광객들이 차례로 외나무다리에 발을 올려놓았다. 앞에 가는 사람의 발걸음에 맞춰 강을 건너는데, 조금만 발을 헛디디게 되면 강물에 빠질 만큼 아슬아슬한 장면이 연출되는 곳이다. 다리 밑의 강물 유속은 빠른 편이어서 모두 유속과 다리를 보고 가다 보면 어지럼증이 엄습해 온다. 그 때는 가던 길을 멈추고 먼 곳을 바라보았다가 다시 발걸음을 옮겨야 한다. 재미있는 만큼 긴장된 순간이다. 깊은 곳이 있는가 하면 얕은 곳이 있지만 모두 물에 빠지지 않고 무사하게 건넜다. 오던 길을 뒤돌아보니 무섬마을과 백사장, 외나무다리는 한 폭의 동양화가 화폭에 그려진 것만 같았다.

다리 건너에는 마을이 보이지 않고 논과 밭, 숲뿐이다. 가을의 꽃 구절초, 고마리, 방동사니, 닭의장풀, 미국쑥부쟁이, 쑥부쟁이, 돼지감자, 개여뀌 등이 마지막 가을꽃으로 남아 주변을 풍성하게 수놓았다. 쑥부쟁이가 많은 가지를 치고 가지 끝에 한 송이 꽃을 피웠다. 다른 야생초도 모두 꽃을 피웠지만, 쑥부쟁이는 여름부터 꽃을 피기 시작하여 가을 늦게까지 피는 꽃이다. 한 줄기에 많은 가지를 내고 있어 언제나 풍성하게 보여주는 야생초로 이 계절이면 누구나 한번쯤 입에 오르내리는 야생초이다. 새싹이 나올 때면 줄기가 붉은빛을 띠지만 자라면서 줄기와 가지는 녹색으로 변해가는데, 많은 사람들은 구절초와 미국쑥부쟁이와의 구별에 많은 어려움을 느끼곤 하는 식물이다. 줄기와 가지에 붙는 잎은 서로 어긋나게 붙어있으며 잎 하나하나에는 굵은 톱니 모양으로 패어있다. 가지 끝에 핀 꽃은 가을에 피는 야생화에서 흔히 볼 수 있는 꽃이다. 한 개의 꽃이 두 가지의 꽃을 가진 꽃으로 혀 같은 모양이라 하여 혀꽃 즉, 설상화는 자주색으로 원을 그렸고, 그 안에 오밀조밀하게 피어있는 통상화는 황색을 띠고 있어 머리모양 꽃차례를 이루고 있어 매우 아름다운 꽃이다. 우리 선조들은 자연의 색을 다섯으로 구분하여 오방색이라 불렀는데, 그 중 황색은 언제나 중앙에 놓이게 하였다. 이러한 배열은 아마 오랫동안 사랑받고 있는 쑥부쟁이 꽃을 보고 차례를 정하지 않았나 생각해 본다. 꽃이 지고나면 그 모양이 머리카락이 나 있는 모습이 또한 아름답고 부드러운 촉감을 연상케 한다. 전국 어디서나 볼 수 있는 야생초로 양지바르고 부식질이 많고 배수가 잘되는 절개지, 언덕, 척박한 땅에서도 잘 자라고 있어 생명력이 강인한 식물로, 생활력이 강한 사람과 비유해 왔다. 봄이면 어린 순을 나물로 해 먹었던 때가 있었으나 지금은 나물보다는 성숙한 쑥부쟁이를 여름에서 가을 사이에 채취하여 약용으로, 갓 피기 시작한 꽃은 차 또는 담금주로 이용되고 있다. 쑥부쟁이의 성분은 지해, 거담효과에 상당히 좋은 약재로 알려졌어 편도선염이라든가 기관지염, 풍열감기에 사용되고 있다.

하늘은 높고 풍성한 들녘은 곡식과 과일이 있고, 야생초는 열매를 맺어 영글어 가는 오늘도 무섬마을 정자에서 쑥부쟁이 차 한 잔을 마셔 보았으면 하는 생각을 해 본다. 꽃을 감상하는 것이 차 한 잔을 마셔보는 것보다 더 아름다운 추억을 만들 수 있는 것 같다. 다시 건너왔던 외나무다리에 올라섰다. 강물 위에 비치는 가을 햇살이 반사되어 가던 걸음을 잠시 멈추게 한다. 한 올의 가을빛을 헛되게 서산으로 넘게 할 수 없는 오늘은 무섬마을의 외나무다리를 건너는 체험과 자연 속의 쑥부쟁이 만남으로 또 한 섬의 추억을 쌓는다.

정진해

강원도 동해시 출생
한올문학 시인, 월간 국보문학 수필 부문 신인상 수상
한국한올문학협회 이사, 한국현대시인협회 회원
한국토종식물해설사협회 회장
에듀씨코리아(Edu see Korea) 대표
시집 : 「여섯 올 님의 사랑 연줄로 묶어」
수필집 : 「또 하나의 유산」
토종약용식물도감 외 10종, 한국석탑총람 외 70여종

비빔밥 매니아

임수홍

몸무게가 조금 빠진 것 같다는 반가운 이야기를 요즘 자주 듣는다. 두 달 전까지만 하여도 1미터 70센티가 조금 넘는 키에 80Kg 중반이 넘었는데, 6월 말 강원도 인제에서 하는 쎄미나에 참석한 뒤로 그곳 촌장님이 '밥 따로, 물 따로' 라는 새로운 식사법을 가르쳐준 대로 따라하다 보니까 내가 봐도 허리둘레가 많이 줄여둔 기분이 든다.

새로운 식사법이란 대강 이렇다. 밥을 먹을 땐 함께 물을 절대 먹지 말 것. 그리고 밥을 먹은 후 2시간 후에 물을 맘껏 먹을 것, 아침을 거르고 점심, 저녁 2식을 할 것 등으로 아주 간단하다. '밥 따로, 물 따로' 를 해야 하는 이유를 설명하는 촌장님의 말을 듣고 보니, 나도 수긍이 갔다. 석탄의 힘으로 기차를 움직이려면 불타는 아궁이에 석탄만 부어야 활활 타는데, 거기에 물을 끼얹은 경우가 밥과 함께 물을 먹는 경우와 똑같다며, 우리가 밥을 먹을 때 위(胃)에서 위액이 나오는데 밥만 먹으면 충분히 소화를 시켜 소장으로 내려 보내고, 밥과 함께 물을 먹으면 위액이 묽게 되어 제대로 소화가 안 된다는 이치였다.

그러나 나는 그동안 밥을 먹으면서 물을 자주 먹던 식습관 때문에 처음에 무지 고생을 하였다. 그래서 나는 한 가지만을 생각하였

다. 나를 아는 대부분 사람들이 운동을 하지 않고도 '살을 뺀다.'는 좋은 약이 많다며 권하는 모습에 진절머리가 났는데, 이 기회에 돈도 안 드는데 한번 시도나 해보자는 오기 비슷한 게 작용했다고도 할 수 있었다.

결심을 한 다음 날 아침, 어제 술을 먹은 속 쓰림 때문에 아침을 굶는다는 게 너무나 힘들었다. 당연히 해장을 해야 하는데, 국도 젓가락만으로 먹어야 효과가 있다는 말을 생각하니 그냥 쓰린 속을 부여잡고 사무실에 출근을 하였다.

숙취를 해갈해 달라는 뱃속의 아우성이 자유수호를 외치는 사람들처럼 인정사정없이 과격하다. 그러나 이왕 시작한 일, 첫날부터 견디지 못하면 안 될 것 같아 꾹꾹 참았다. 그리고 12시 땡 하자마자 음식점으로 달음질쳤다.

그동안 즐겨 먹던 찌개 종류가 먼저 눈에 들어온다. 그러나 찌개는 첫 번째 금물이다. 국물이 있기 때문이다. 그래서 비빔밥에 눈길을 주었다. 국물 없이 먹을 수 있기 때문이다.

비빔밥은 매력 있는 우리나라 대표 음식이다. 그릇에 밥과 여러 가지의 채소, 고기, 계란, 고추장 등을 넣고 섞어서 먹는데 지방과 재료에 따라 구분되며, 각 지방마다 특색이 다르지만 전주비빔밥이 가장 유명하단다.

비빔밥은 입맛이 없는 경우에도 비벼서 먹으면 입맛이 살아난다. 옛날 사람들은 큰 양푼에 비벼 여러 명이 숟가락 들고 둘러앉아 먹어야 제격이라며 말을 했었다. 더구나 요즘은 모 항공사에서도 기내식으로 인기가 좋고, 간편하게 먹을 수 있고 색감으로도 조화가 잘된 고른 영향과 채식 위주의 식단이 외국에서도 아주 선호한다고 한다.

점심때마다 비빔밥을 먹기 시작하다보니, 이제는 모든 게 편해졌다.

국물 없이 먹다 보니 내 몸도 서서히 변화를 보이기 시작한다. 밥을 먹은 후 2시간 이후에 물을 먹고, 저녁을 먹은 후 다음 날 12시까지 물도 먹지 않은 빈속으로 견디다 보니, 그동안 몸에 넉넉하게 저장되어있는 지방으로 부족한 영향분을 자체 조달하는 기분이 든다.

몸도 점점 가벼워지는 느낌이 든다. 처음엔 4개월 정도 견디려고 했지만, 이제는 욕심이 생긴다. 어느 정도 몸이 적응을 하면 하루에 아침, 점심을 거르고 저녁 1식만 하려고 한다. 그래서 중년의 가장 무서운 비만을 벗어나고 싶다.

그런데 또 하나의 변화가 나에게 생겼다. 운동이라면(아니 움직인다는 말이 더 적당할거다.) 어느 누구보다도 맨 뒤에서 꽁지를 뺄 정도로 관심이 없던 내가 조금씩 관심을 갖게 된 것이다. 저녁을 먹은 후, 홍제천을 거닐기도 하고, 남들 따라 한강변까지 걷다가 오기도 한다.

오늘 점심도 비빔밥을 직원과 같이 먹었다. 직원에게 섭섭한 일이 있으면 그때그때 말하라고 하면서, 어쩌면 우리네 사는 모습이 비빔밥 같기도 하다는 생각을 하였다. 내가 지닌 맛과 직원이 지닌 맛이 어우러져 모난 곳이 있으면 메워주고, 힘들면 서로에게 등 기대어 쉬기도 하면서 언제 먹어도 싫증나지 않는 사랑의 향기 같은 비빔밥이 되고 싶다.

임수홍

한국문인협회 회원
한국수필가협회 회원
(사)대한민국국보문학협회 회장
주간 한국문학신문 발행인
월간 국보문학 발행인
도서출판 국보 대표

편 집 후 기

송선우
동인문집 제16호
편집국장

짙은 녹음으로 무성했던 산과 들판도 이제는 서서히 옷을 갈아입을 채비를 하고 있습니다. 계절의 순환은 어김없이 돌아와 봄에 씨앗을 뿌려 여름의 뜨거운 햇볕과 긴 장마를 견뎌내며 잘 익은 열매를 수확 하듯 국보문학 동인문집16호 〈마음의 숲〉 가을 호가 탄생했습니다.

글을 쓴다는 건 창조적이고 창의적인 일입니다. 작품출산의 고통은 잠시지만 글의 탄생은 오랜 기쁨일 것입니다. 모래알을 쌓아 산맥을 이루듯 작은 일들이 위대함의 씨앗이 되어 멋진 결실을 이룬 것 라는 생각이 듭니다. 따뜻한 가슴으로 쓴 알콩달콩한 이야기들, 한 분 한 분의 정성으로 만든 동인지인 만큼 자랑스럽고 뿌듯합니다.

세상에서 가장 어려운 일은 사람의 마음을 얻는 일입니다. 각자의 얼굴만큼이나 각양각색의 마음을 순간에도 수만 가지의 생각을 가지고 사는데 그 바람 같은 마음을 머물게 한다는 건 정말 어려운 일일 것입니다. 그러나 이렇게 한마음 한 뜻이 되어 마음의 문을 열고 문학이라는 큰 숲에 들어서는 우리는 진정한 친구입니다. 좋은 원고를 보내주신 국보문학 문인님들 너무나 감사합니다.

2013년도 숨 가쁘게 달려온 국보문학의 힘찬 날개 짓이 돋보이는 한 해였습니다.

년 초 사업계획에 따른 월별행사, 두 번의 등단 식, 월별로 편집되는 국보문학, 매주 발행되는 한국문학신문, 심포지엄 등 많은 행사가 있었지요. 우리 국보문학이 한국문단을 이끌고 나갈 선두의 문학의숲이 되길 기대해 보면서 나날이 발전하는 국보문학동인지의 편집국장을 맡아 즐겁고 행복합니다.

일을 가장 사랑하는 사람이라고 자타가 공인하는 임수홍 회장님의 추진력이 원동력의 힘의 원천이겠지요. 많은 어려움 속에서도 묵묵히 임하신 박언휘 총괄본부장님을 중심으로 한 제16호 동인문집 추진위원회 · 여러분께도 감사인사 올립니다.

이번호 에서도 시가 으뜸으로 제일 많고 시조, 수필 등 많은 작품들을 올려주셔 국보문학의 저력을 보여 주었습니다. 모든 국보가족 여러분께 감사인사 드리면서 100인의 작품이 실리는 그날까지 국보문학의 동인지는 쭉 계속됩니다.

감사합니다.